Goede Gendrich
Mit den Augen eines Jägers

Ihr glücklichen Augen,
Was je ihr gesehn,
Es sei wie es wolle,
Es war doch schön!

(Goethe: Faust II, 5. Aufzug)

Goede Gendrich

Mit den Augen eines Jägers

Erlebtes und Erlauschtes

 Landbuch Verlag

Umschlagbild: Jürgen Weber, Hannover

© Landbuch-Verlag GmbH, Hannover, 1992

Satz, Druck und buchbinderische Verarbeitung
Landbuch-Verlag GmbH, Hannover

ISBN 3 7842 0483 X

Inhalt

Zum Lehrprinz ernannt

Nicht jeder hat das Glück, als Sohn eines Försters auf die Welt zu kommen und sie bereits mit den ersten Schritten als ein wundersames, geheimnisvolles Paradies zu erkennen.

Bevor mich noch die Füße in die Schule trugen, hob ich sie achtsam hinter dem Rücken meines Vaters auf heimlicher Pirsch über dürre Äste und lärmendes Fallaub. Ich kannte das grob geäfterte Trittsiegel des Keilers, die zierliche Perlschnur des Fuchses, das feine Geläuf der Feldhühner, bevor ich als ABC-Schütze einen ersten Buchstaben zu malen vermochte, und stolz belehrte ich meinen Lehrer beim ersten Schulausflug im Revier meines Vaters, daß eine Sau durchaus männlichen Geschlechtes sein könne, der Kirchgang des Herrn Lehrers ein anderer sei als der eines Hirsches und nie und nirgends die Enten anders reihten denn im Wasser.

Einem Kitz gleich wuchs ich in das Leben des Waldes hinein, ein Kind wie jenes, dem sich immer neue, immer fernere Wechsel auftun, auf denen ihm Wunder über Wunder in unendlicher Vielfalt begegnen – eine Welt, in die ich mich eingefügt wußte von Anbeginn an, deren Sprache ich vernahm und zu sprechen lernte, so anders sie auch war als jene der lärmenden Schulen und steinernen Städte. Beide forderten mich, wieder und wieder – und blieben mir dennoch stets Diskrepanz zum natürlichen Leben, zum Leben der Tiere und Bäume, zum Leben des Waldes. Ich floh von den steinernen Straßen. Ich lebte mein Leben im Wald. Das Schicksal war mit gnädig.

Mein Revier inmitten der Lüneburger Heide ist weit und einsam. Niemand wird es mir glauben, daß mir hier über Wochen hin kein Mensch begegnet, seit Jahrzehnten an keinen Stamm mehr eine Axt gelegt wurde, Adler an verschilften Teichen fischen, der Schwarzstorch im Mittagsglast schwerelos über den Kiefern kreist, Sauen und Rotwild ihre Fährten vertraut auf sandigen Fuhrenwegen hinterlassen. Fast könnte ich die Heimat im Osten vergessen, doch die Sehnsucht nach ihr bleibt, die ewig lockende, quälende Schwester der Einsamkeit.

Ich baue Hochsitze, heimlich und versteckt, und Pirschsteige, die mir die Wildnis erschließen. Einer der Hochsitze steht im Immenbusch am Rand uralter Torfstiche. Keinen anderen baute ich so abgeschieden wie diesen. Ein alter Wechsel führt zu ihm, von dem ich behutsam die dürren Äste aufklaubte, um kein Wild zu vergrämen. Kein Fremder wird jemals diesen Wechsel finden, nie ein anderer als ich vom hohen Sitz in den schlanken Fichten das Wild beobachten.

Eine Woche warte ich, bevor ich ihn zum erstenmal aufsuche. Es wird Abend, doch noch steht die Sonne rot über den jungen Birken am Immenbusch. In den Fichten am Torfstich aber schattet schon die Dämmerung. Leise singt die Einsamkeit ihr altes vertrautes Lied. Alles ruht hier im Verborgenen, die Bäume, die Tiere und auch ich – ein Mensch, begleitet von seinem Hund und von leisen Gedanken, die noch aus den seligen Bildern ferner Kindheit schöpfen und der betörenden Waldeinsamkeit verhaftet blieben. Das Schicksal war mir gnädig.

Der Hund verhofft vor mir. Mißtrauisch windet er zur Blöße hinüber, die uns vom nahen Hochsitz trennt. Dann knurrt er leise, und ich gewahre vor mir auf dem Stamm einer vom Wind geworfenen Kiefer sitzend einen Jungen, kaum acht Jahre alt. Er wendet mir den Rücken zu; noch weiß er nicht, daß ich hinter ihm stehe.

Fluchte ich leise? Oder zerbrach mein Fuß einen trockenen Ast? Jäh springt der Junge auf, setzt die Füße zur Flucht an und bleibt dann doch auf meinen barschen Zuruf hin stehen. Der Ärger über den verpatzten Abend läßt mich ihn lauter ansprechen, als es angebracht ist: „Woher kommst du, Bursche? Heda, gib Laut!"

Angstgroße Augen starren mich an, dann kommt es zaghaft über seine schmalen Lippen:

„Bitte, Herr Förster, jagen Sie mich nicht aus dem Wald! Lassen Sie mich hier – oder dort, wo ich Sie nicht störe! Ich, ich bin doch so gerne im Wald."

Ängstliche Augen flehen mich an, der Hals unter dem blassen Gesicht schluckt krampfhaft.

„Himmelherrgottsakrament! Junge, ich will, ich wollte . . .
Komm mal zu mir! So, und nun vorwärts mit dir! Nein, nicht
dorthin, hier, diesen Steig gehst du entlang! Und gnade dir Gott,
wenn du mir fortläufst!"

Gehorsam schleicht das Kerlchen vor mir her. Bis er vor dem
Hochsitz steht und mich ratlos anblickt.

„Los, hinauf mit dir, Bursche!"

Ja, und dann sitzen wir nebeneinander auf dem schmalen Brett in
den hohen Fichten und blicken in den sanft verdämmernden
Abend, bis die Sterne über uns und über dem vertraut äsenden
Wild am alten Torfstich stehen. Als dunkel und schwer ein Stück
Schwarzwild neben uns aus den Fichten zieht, packt mich erregt
eine kleine, feste Knabenhand und greift mitten hinein in meine
Gedanken, die eine wundersame Brücke schlagen, die Zeit und
Räume überspannt und mich an meine eigene Kindheit zurück-
denken läßt.

Das war im vergangenen Sommer. Inzwischen habe ich den
kleinen Malte liebgewonnen. Und weiß der Kuckuck – der
Bursche sieht und hört oft mehr als ich. Vor einigen Tagen
berichtete er mir, daß der Bock vom Immenbusch nicht mehr
dort stehe, wo ich ihn seit Tagen gesucht hatte; drüben, an den
Teichen, habe er ein fahlgelbes Schmalreh gefunden, das ihn
schon eine Woche lang nicht mehr auslasse. Wie wichtig sich der
Bursche tat! Wie oft habe ich selbst einst so keß und begeistert
vor meinem Vater gestanden!

Heute früh fand ich die Pirschsteige im Ellerngrund geharkt; sie
hatten es schon seit Wochen nötig. Ich werde heute abend den
Malte danach fragen. Ich denke, der Junge, der durchtriebene,
wird mir wohl eine Antwort darauf wissen. Wir drei, der Malte,
mein Hund und ich, haben unser Revier in Ordnung; darauf
kann sich jeder verlassen.

„Kein Wunder", sagte Malte unlängst zu mir, „bei einem Lehrprinz, wie Sie es sind!"

„Lehrprinz" sagte der kleine Kerl. Ich habe mich heimlich über
diese Ernennung gefreut – gewiß mehr als über manch hingewor-
fenes Lob indifferenter Vorgesetzter. Was Malte mir gab, war
mehr als praktische Hilfe – er gab mir ein Stück meiner eigenen
Jugend zurück.

Jagdliche Erfahrungen
genügen heutzutage nicht mehr...

Von allen Hochsitzen in meinem Revier ist mir die „Teichkanzel" die liebste. Nicht, daß ich von ihr aus besonders viel Wild streckte – nur einen Bock und ein Schmaltier schoß ich hier im Laufe von zehn Jahren –, macht sie mir so reizvoll, ihre idyllische Lage ist es, die mich immer wieder verzaubert: Am Abend geht die Sonne hinter dem in der Wiese gelegenen Teich unter, die Schatten des im Hintergrund stehenden Kiefernbestandes legen sich langsam über den verdämmernden Spiegel des Wassers, der eben noch silberfarben, alsbald bleigrau erlischt. Graureiher fallen am Ufer ein und stehen regungslos am Rand des Schilfes. Frösche lärmen und unterstreichen mit ihrem Konzept doch nur die Stille dieses Herrgottswinkels. Ein Fuchs schnürt am Hochsitz vorbei. Ein Hase – ich kenne ihn seit Jahren – mümmelt geruhsam den langen Blütenstiel eines Löwenzahns; putzig ist es anzusehen, wie der Stiel zwischen seinen Zähnen kürzer und kürzer wird, bis auch die Pusteblume selbst verzehrt ist und Mümmelmann wählerisch nach einem nächsten Blütenstiel greift.

Jeder Tag schenkt mir hier etwas Neues, noch nie bin ich auf meiner Teichkanzel leer ausgegangen. Immer noch nahm ich etwas mit, und immer war es etwas Bereicherndes, etwas „Merk"-würdiges – etwas, das es lohnte, sich einzuprägen. Ich möchte hier den Begriff des „Fragwürdigen" als etwas Positives herausstellen – als etwas, das es lohnt nachzufragen, um es in seinem Gehalt zu erkennen und dem stets zu dürftigen Wissen einzuverleiben.

Da steht neben meiner Kanzel eine alte Eiche. Viele Male saß ich in ihrem Schatten. Jahrelang glaubte ich, sie zu erkennen, ihr seltsam nach unten hängendes Geäst, ihre tief eingeschnittenen Blätter, ihre Fremdartigkeit in dieser Landschaft und natürlich ihren Namen, den ich in der Literatur unter der Bezeichnung Sumpfeiche (*Quercus palustris*) fand. Daß ihrem Stamm unmittelbar unter der Krone mehrere Konsolen eines Baumschwamms anhaften, ist mir seit langem bekannt, doch was weiß ich über den Baumschwamm selbst, über seine Entstehung und über den Schaden, vielleicht sogar Nutzen, den er verursacht? Es bedrückt mich, über ihn nicht mehr zu wissen, als für mich als Forstmann notwendig ist, um seine Nutzholzschädlichkeit zu erkennen. Muß ein Jäger es anderen gegenüber nicht immer wieder als blamabel empfinden, mit den ungezählten Rätseln und Wundern der Natur nicht besser vertraut zu sein? Dürfen wir noch in einer Zeit, in der dem Schutz der Natur das große Wort geredet wird, unwissend bleiben, wenn es doch oft nur geringer Mühe bedarf, uns kundig zu machen?

Mit welcher Überzeugung könnten wir uns als Jäger vor der Öffentlichkeit profilieren, besäßen wir einen wirklich reichen Fundus an Wissen auch um das, was außerhalb des Jagens in der Natur vor sich geht! An Selbstverständnis würden wir gewinnen und damit – neben der Freude, uns mitteilen zu können – auch an Aufmerksamkeit seitens jener vielen, deren Durst nach Wissen und Erfahrung groß ist. Nehmt eine Schulklasse mit in den Wald, zeigt ihr einen Baumschwamm – als nur eines von vielen Beispielen –, teilt ihr mit, was alles wir über diesen angeblichen Schmarotzer wissen, und glaubt mir: Die Jungen und Mädchen werden uns als Jäger um so mehr respektieren, je verläßlicher wir ihnen von den ungezählten Wundern des Waldes zu berichten wissen!

Hier nun unser Wissen am Beispiel des Baumschwamms:

Im Wald und in Obstgärten beobachten wir gelegentlich auffällige konsolenförmige Gebilde an älteren Baumstämmen unterschiedlichster Art. Es handelt sich dabei um die Fruchtkörper der Polyporazeen, der schmarotzenden Löcherschwämme.

Die zähen, lederartigen, im Kern korkigen Konsolen sind von vieljähriger Dauer; Jahr für Jahr überziehen sie sich mit einer neuen Schicht korkartiger Röhren. Von ihnen aus verbreiten sich die Sporen, die Fortpflanzungskörper des Pilzes, auf benachbarte Stämme, sofern diese ihnen das Eindringen in die Bastschicht durch offene Ast- oder Splintholzwunden ermöglichen. Aus den Sporen entwickelt sich das Myzel, der eigentliche Pflanzenkörper des Pilzes. Es dringt ins Kernholz vorwiegend alter Bäume ein und verbreitet sich hier in den Jahresringzonen nach oben wie nach unten.

Östlich der Elbe tritt besonders stark der Kiefernbaumschwamm *Trametes pini* auf, der das Kernholz starker Kiefern zersetzt. Das von ihm zersetzte Holz findet nur noch beschränkte Verwendung, z. B. als totes, nicht mehr arbeitendes Blindholz für Furniermöbel oder als Rammpfähle für Schiffslände (Anlegeplätze) in Seehäfen.

Der Ansteckungsgefahr begegnet man durch den Aushieb aller befallenen Bäume zumindest in den 50- bis 70jährigen Kiefernbeständen. In Obstgärten sollte man die Konsolen der vom Polyporus befallenen Bäume abstoßen und die Wunden mit Holzteer bestreichen, um ein Übergreifen des Pilzes auf gesunde Bäume zu verhindern.

Noch im 18. Jahrhundert waren die Konsolen der verschiedenen Polyporazeen als Zunder sehr gesucht. Heute bedienen wir uns zur Entzündung von Feuer elektronischer Feuerzeuge und haben darüber längst vergessen, daß erst im vorigen Jahrhundert die ersten, noch recht unvollkommenen und infolge Verwendung hochgiftigen weißen Phosphor nicht ungefährlichen Zündhölzer erfunden wurden. Durch das Reichsgesetz vom 13. Mai 1884 wurde die Verwendung weißen Phosphors, dessen Dämpfe die Arbeiter bei der Herstellung der Zündhölzer gesundheitlich schädigten, verboten. In Deutschland wurden um die Jahrhundertwende jährlich 20 Mrd. Zündhölzer hergestellt.

Vor der Jahrhundertwende hat es eine ganze Reihe von Erfindungen zum Zweck der Feuererzeugung gegeben: 1780 erfand der Deutsche F. Fürstenberger ein elektrisches Feuerzeug, bei dem aus Zink und verdünnter Schwefelsäure Wasserstoff entwickelt und durch den Funken eines Elektrophors entzündet wurde. Das entzündete Gas brachte den Docht einer Kerze zum Brennen. – Döbereiner, ebenfalls ein Deutscher, entwickelte auf chemischem Wege unter Verwendung von Schwefelsäure, Zink, dem daraus entstehenden Wasserstoffgas und Platin eine Zündmaschine. –

Berthollet entdeckte, daß sich bei der Zersetzung von chlorsaurem Kali durch Schwefelsäure brennbare Körper leicht entzünden. Die aus diesen Erfindungen hervorgegangenen, recht umständlich zu bedienenden Zündgeräte wurden wertlos, als die ersten Zündhölzer auf den Markt kamen.

Die Bekanntschaft mit dem Feuer hat der Mensch bereits auf sehr niedriger Kulturstufe gemacht. Nach der griechischen Mythologie erfand Pyrodes – daher Bezeichnungen wie Pyrolatrie = Feuerverehrung, Pyromanie = Brandstiftungstrieb, Pyrometer = Hitzemesser usw. – die Kunst, Feuer aus einem Kiesel zu schlagen. Zum Auffangen des Funkens soll Prometheus das Mark der Ferula, des Steckenkrautes benutzt haben. Bereits Plinius erwähnt in diesem Zusammenhang im ersten Jahrhundert n. Chr. trockene Baumschwämme (Fungi) als hervorragenden Zunder. In der Feuerverehrung der indogermanischen Völker ist die Flamme der Gott Agni selbst, im Veda eine der höchsten Gottheiten, die immer wieder aus zwei aneinander geriebenen Hölzern erzeugt und zur Erde herabgerufen werden kann.

Noch in unserem Jahrhundert bedienten sich manche Naturvölker zur Feuererzeugung eines Stück Holzes, in dessen Vertiefung die Spitze eines mit beiden Händen oder mit Hilfe einer Schnur in quirlende Bewegung gebrachten Holzgriffels gesetzt wurde. Bei entsprechender Auswahl der Hölzer, insbesondere aber eines geeigneten Zunders, gelang es in wenigen Minuten, ein Glimmfeuer zu erzeugen. Als bester Feuerzunder galten in Deutschland die zerkleinerten Konsolen des echten Feuer- oder Buchenschwamms *Polyporus formentarius*. Wo diese fehlten, griff man auf die Konsolen anderer Laub- und Nadelholzschwämme zurück, deren Wert als Zunder jedoch weniger hoch eingeschätzt wurde.

Mit der Nutzung als Zunder fanden die verschiedenen Baumschwämme nicht ihre einzige Verwendung. So wurden noch im vorigen Jahrhundert die Konsolen des echten Feuer- oder Buchenschwammes unter der Bezeichnung „Fungus chirurgorum" (Wundschwamm) von Ärzten als blutstillendes Mittel eingesetzt. Auch war den Ärzten die drastisch purgierende Wirkung des Lärchenschwammes *Boletus laricis* bekannt, der obendrein ob eines intensiv bitteren Geschmacks für die Herstellung von Likören verwendet wurde.

Vom Baumschwamm profitierten auch die Höhlenbrüter unter den Vögeln: In dem vom Schwamm zersetzten, morschen Holz der Bäume bauen Specht und Kleiber ohne großen Aufwand ihre Nisthöhlen. So hat alles sein Für und Wider, und immer kommt es auf die Perspektive an, aus der wir die Dinge betrachten.

Seit ich mich mit dem Baumschwamm, mit seiner Geschichte und seinem Umfeld ein wenig bekannt gemacht habe, ist mir die Eiche neben meiner Teichkanzel nähergerückt. Wir sind miteinander vertraut geworden, und die Bekanntschaft mit ihr hat mich reicher gemacht.

Kürzlich saß neben mir auf der Kanzel einer jener unvoreingenommenen jungen Menschen, die selbst nicht jagen, den Jägern aber durchaus nicht ablehnend gegenüberstehen. Ihm erzählte ich, was ich hier beschrieb. Ich tat so – noch beglückt von dem, was ich erfahren hatte – mit einiger Begeisterung. Die Antwort, die ich von meinem jungen Begleiter erfuhr, nahm voraus, was ich mit meinem Beitrag anzudeuten versuche:

„Wie reich doch Ihr Leben als Jäger ist! So viele Dinge, die sich Ihnen als Jäger offenbaren, bleiben uns Städtern fremd. Als Jäger sind Sie hier draußen zu Hause. Wer könnte besser als die Jäger mit ihrem vielfältigen Wissen um das Wirken und Werden in der Natur dieses Haus bestellen! Ich glaube, ich muß das Bild, das ich mir von den Jägern gemacht habe, korrigieren. Hört man Ihnen zu, begreift man, daß mehr als die Waffe Wissen und aus dem Wissen geborene Verantwortung den Jägern ausmachen."

Ich habe zu dieser Äußerung meines jungen Begleiters geschwiegen, wenngleich ich lange Zeit über sie nachdachte. Beschämt von dem Umstand zu wissen, wie wenig ich noch weiß, und wie unerläßlich es doch ist, unser Wissen als Jäger zu erweitern, nahm ich mir vor, diesen Beitrag als einsichtige Erkenntnis für uns alle zu schreiben.

Tiere – beseelte Geschöpfe Gottes

Die Frage, ob auch Tiere eine Seele besitzen, hat sich den Menschen schon früh gestellt. Von der jeweiligen Beantwortung dieser Frage ist ihre Einstellung den Tieren gegenüber geprägt worden. Im Negativen führte sie zur brutalen Verfolgung der Tiere, im Positiven ließ sie uns die Tiere als Geschöpfe erkennen, mit denen uns gemeinsame Wurzeln der Evolution verbinden.

Folgen wir den unterschiedlichen Aussagen sich vielfach widersprechender Philosophen, wird die Seelenfrage so verwickelt und unklar, daß wir schwer zu einer klaren Definition gelangen.

Professor August Bier führt in seinem Buch „Die Seele" die Psychologie wieder auf „die uralte Wahrheit *(zurück),* die alle

Naturvölker erkannt haben, daß die Seele das belebende Prinzip des Organismus darstellt und daß das Leben entflieht, sobald sie den Körper verläßt. . . . Ich stelle deshalb wieder klar in den Vordergrund: Das Wesen der Seele ist die Belebung. Die Seele kommt deshalb auch jedem Lebewesen ohne Ausnahme zu."

Die etliche Jahrhunderte vor Christus lebenden Philosophen Parmenides, Empedokles, Demokritos und Anaxagoras sprachen von der Psyche der Tiere als etwas Selbstverständlichem.

Aristoteles (384 bis 322 v. Chr.) glaubte zwar, daß allein der Mensch die Fähigkeit habe, Begriffe zu bilden und logische Schlüsse zu ziehen, doch billigte auch er den Tieren Empfindungsvermögen und durch Willensimpulse geleitete Handlungsfähigkeiten zu.

Der Philosoph Porphyrios (233 bis 304 n. Chr.) sah im Körperlichen wie im Geistigen keine prinzipiellen, sondern nur gradweise Unterschiede zwischen Mensch und Tier.

Descartes (1569 bis 1650), dem Begründer einer dogmatisch-rationalistischen Philosophie, blieb es vorbehalten, den Tieren geistiges Leben gänzlich abzusprechen. Er sah in ihnen nur eine Art von Automaten, deren Handlungen allein mechanisch gesteuert werden. Seine Lehre, teils verknüpft mit den Dogmen der Kirche, trug zur völligen Verneinung eines Seelenlebens der Tiere bei und damit zu der Erbarmungslosigkeit, mit der man ihnen begegnete.

Heute stößt uns die Grausamkeit einer Zeit ab, die über viele Jahrhunderte ohne Mitempfinden für die Kreatur blieb – eine Mentalität, die den Menschen des Mittelalters allgemein zu eigen war. So hohe Kunstfertigkeit das Jagen bereits damals erforderte, wurden doch die Menschen noch von keinen Skrupeln im Hinblick auf die ethische Berechtigung des Tötens von Tieren geplagt, sahen sie doch im Tier nur eine Sache, nicht aber ein dem Menschen in seiner Daseinsberechtigung gleichwertiges Geschöpf Gottes. Nur so können wir die Herzlosigkeit begreifen, mit der zum Beispiel Martin Strasser, oberster Jägermeister des Reichsfürstentums Salzburg, 1626 in seinem „Puech von allerlei Jägern und Waidmannschaften" Jagdmethoden empfiehlt, die in ihrer Grausamkeit nicht zu überbieten sind: Füchse wurden in Netze getrieben und mit Knüppeln erschlagen. Mit Gift präparierte Köder dienten ebenso ihrer Erbeutung wie Fleischbrokken, in denen sich eiserne Angelhaken verbargen. In trichterförmigen, aus spitzen, elastischen Nägeln gebauten Fanggeräten, unter denen man Drahtkörbe mit lebenden Mäusen befestigte, blieben Füchse mit dem Kopf hängen und quälten sich erbärmlich zu Tode. Rotwild fing man auf Zwangswechseln mittels Schlingen, an denen klafterlange Knüppel befestigt waren. Auch Schlageisen, mit starken Seilen befestigt, oder viereckige, eng mit trichterförmig angeordneten Nägeln versehene Holzrahmen, sog. „Drauchen", in denen die Tiere mit den Läufen hängenblieben, dienten dem Fang von Rotwild.

Es war dies aber auch die Zeit, in der in Deutschland Menschen zu Hunderttausenden als Hexen auf Scheiterhaufen verbrannt wurden. Bei einer derartigen Mißachtung auch menschlichen Lebens konnte man keinerlei Mitgefühl für die gequälte Kreatur erwarten.

Mystiker wie Meister Eckart, Paracelsus und Jacob Böhme zogen sich mit ihrer inbrünstigen Liebe zur Natur und ihrem pantheistischen Glauben, Gott und die Welt seien eins, die Gegnerschaft der seinerzeit machtpolitisch stark auf das Diesseits ausgerichteten Kirche zu. Johannes Eriganus (883 bis 880) bezeichnete die Bewunderung der Natur als eine dem Ehebruch vergleichbare Sünde. Diese Aussage blieb noch lange Zeit Beispiel für eine die Natur als stärksten Ausdruck göttlicher Schöpfung ablehnende Betrachtungsweise mittelalterlicher Gedankenwelt.

Franz von Assisi, das reinste Urbild katholischer Mystik, pries in seinem Sonnengesang *(Laudes creaturarum)* die ganze Schöpfung, in deren Dienst er sich zum Lob Gottes gestellt sah. Seine noch auf dem Sterbebett (1226) gesungene Hymne an die „Mutter Erde", an die „Brüder Sonne, Wind und Feuer", an die „Schwestern Mond, Sterne und Wasser" war der Herzenserguß eines Mannes, der ganz Religion geworden war und in einem von aller Dogmatik befreiten Lobgesang der Allmacht Natur zujubelte.

Seine Huldigung stieß seitens der Kirche ebenso auf Unverständnis und Ablehnung wie dreihundert Jahre später das der Naturforschung eine erste Bahn brechende Werk des Paracelsus und die Lehre des Mystikers Jacob Böhme, der sich anmaßte, die Natur über die Heilige Schrift zu stellen: „Du wirst kein Buch finden, da du die göttliche Weisheit könntest mehr inne finden zu forschen, als wenn du auf eine grünende und blühende Wiese gehest: da wirst du die wunderliche Kraft Gottes sehen, riechen und schmecken, wiewohl es nur ein Gleichnis ist, aber dem Suchenden ist's ein lieber Lehrmeister, er findet gar viel allda."

Noch ausgangs des Mittelalters, bis zum Beginn der deutschen Reformation (1517), besaß die absolute Monarchie des Papsttums das Übergewicht über alle weltlichen Gewalten. Die Kirche fand scharfe Kritiker in den Humanisten, deren Kampf mit der herrschenden Scholastik nirgends heftiger und dramatischer gewesen ist als in Deutschland. Ihnen gesellten sich fortschrittliche Männer zu, die – wie bereits Roger Bacon (1214 bis 1294) – ein von theologischen Rücksichtigen freies Studium der Naturwissenschaften forderten.

Auch nach dem Mittelalter wurden von fürstlichen Jägern und Jagdbediensteten noch abstoßende Jagdmethoden praktiziert, die heute als rohe Mißhandlung der Kreatur gelten würden.

Eingeleitet von Humanisten und Naturwissenschaftlern, trat um die Wende vom 18. zum 19. Jahrhundert ein tiefgreifender Wandel im Verhältnis der Menschen zum Tier ein. Das Zeitalter der Romantik läßt die Menschen die Landschaft als etwas Wunderbares erkennen, in das als lebendigster Ausdruck der Schöpfung das Tier gestellt ist, dem man nicht mehr nur als Beute Beachtung schenken kann. Die Menschen haben das Brot gegessen, das ihnen aus der Erde entgegenwuchs; nun spüren sie, daß ihnen aus der Landschaft auch die Nahrung der Seele kommt. Unbeholfen noch suchen sie ihren Empfindungen Ausdruck zu geben, und willig lassen sie sich einfangen von Dichtern und Philosophen, die gültig auszusagen wissen, was sie bewegt.

Wildungen, Eichendorff, Münchhausen und andere öffnen auch den Jägern die Augen für die Schönheit und Ästhetik der Landschaft. Das Tier aber bringt ihnen keiner näher als Arthur Schopenhauer, dem es ein Leben lang aufgegeben ist, die Leiden nicht nur der Menschen, sondern aller Kreatur mit zu tragen. Für ihn hat auch das Tier als beseeltes Geschöpf Gottes ein Recht auf Erlösung am Tag der Weltvollendung. Da sich das Tier nicht selbst erlösen kann, muß es der Mensch mit erlösen. Seine Philosophie des Mitleids begründete ein neues Verhältnis zum Tier und leitete auch im Bereich der Jagd ein, was wir heute, vertieft von den ihm nachfolgenden Dichtern und Schriftstellern, wie von Perfall, von Gagern, Wyler, von Cramer-Klett, Champenois, Lindner und anderen, als „ethische Verpflichtung" verstehen.

Diese Entwicklung wird uns in kein Paradies führen, in dem wir selbst jenseits von Gut und Böse stehen. Wir berufen uns als Jäger auf das elementare Gesetz zu töten, um Leben zu bewahren. Wir leben im Zwiespalt einer längst aus den Fugen geratenen Umwelt. Den Weg zwischen harter Notwendigkeit und bewußtem Mitempfinden mit der Kreatur aber schreibt uns das Herz vor, das uns in den Tieren beseelte Geschöpfe Gottes erkennen läßt.

Tagesbeginn

Sahst du jemals deinen Schatten
neben dir im hellen Lichte,
wenn im Gras wie Diamanten,
wenn im Silbergrün der Wiesen
tausend Edelsteine prangten,
deine Füße frühen Morgens
einen ersten Wechsel zogen
und die Netze aller Spinnen
sich benetzt zur Ernte bogen?

Sieh, ein Reif von Silber
krönt den Schatten deines Hauptes!
Licht, aus dunkler Nacht geboren,
fällt auf dich aus Gottes Auge.

Wisse und begreife seine Gnade!

Eine Gloriole trägt
der Schatten deines Hauptes,
die Verheißung wiederum für einen Tag.

Ich, Titus von der Aschenhütte...

Vier Monate bin ich alt, und alle sagen, ich sei ein besonders hübscher Kerl. Kein Wunder bei der langen Reihe meiner Ahnen aus edelstem Geschlecht! Meine Mutter, eine geborene „von der Aschenhütte", hat eine hinreißende Figur, die ihr den Formwert „vorzüglich" eintrug. Ihre Ahnentafel weist aus, daß sie die Spurlaut-, die Stöber- und die Vielseitigkeitsprüfung bestanden und sich auch im Bau vor dem Fuchs und dem Dachs bewährt hat. Auch mein Vater, „Flink zu Nestemik", besticht mit seiner Figur. Daß er meiner Mutter in nichts nachsteht und darüber hinaus noch die Schweißhundprüfung bestanden hat, kann man in seiner Ahnentafel nachlesen.

Unter meinen Vorfahren finden sich so edle Namen wie die „von der Kettwigshöhe", „vom Berghöpen", „von der Beckedorfer Höhe", „vom Ahlensee" und „vom Raudener Forst". Wir alle sind saufarbene Rauhhaarteckel, eine zupackende und widerstandsfähige Rasse.

Vor wenigen Wochen war ich beim Arzt, um mich gegen so üble Krankheiten wie Staupe, Leberentzündung und Leptospirose impfen zu lassen. Keinen Muckser gab ich von mir, als sich die Spritze in mein Fell bohrte.

Übler war es, als ich eine Tätowierung ins rechte Ohr – Herrchen sagt: in den rechten Behang – geritzt bekam. Doch auch dabei ließ ich mir nichts anmerken, denn es mußte sein, weil ich ohne diesen Personalausweis im Behang meinem Herrchen verlorengehen könnte. Die Tätowierung gibt nämlich Auskunft über den Zwinger, aus dem ich stamme, und der wiederum weiß, wohin mich das Schicksal verschlagen hat.

Auch wir Teckel haben unser Schicksal. Den einen schickt es aus der Kinderstube in die Stadt in ein Meer von Steinen, wo sich nicht einmal Fuchs und Hase „gute Nacht" sagen, es nach Benzin stinkt und man nur Asphalt unter den Läufen hat; dem anderen gewährt es das Glück, mit einem zünftigen Herrchen fröhlich in einem weiten Revier jagen zu können.

Ich, Titus, habe ein gutes Los gezogen. Natürlich dauerte es etliche Zeit, bevor ich das begriff. Aus der vertrauten Wärme, aus der Gesellschaft von Brüdern und Schwestern herausgerissen, fühlte ich mich von allen verlassen. In der ersten Nacht weinte ich in einem mir fremden Körbchen, doch dann streckte sich eine Hand nach mir aus und tröstete mich, bis ich einschlief. Es war die Hand meines neuen Frauchens, und es war ihre Hand, die mir das erste Futter reichte. Niemals möchte ich mich von ihr trennen!

Herrchen hingegen ist ein prima Kumpel, ein wenig groß zwar, doch kann man mit ihm herrlichen Blödsinn treiben. Frauchens gutes Futter macht mich von Tag zu Tag stärker, und da muß ich jemanden haben, an dem ich meinen Übermut auslassen kann. Ein Ball, ein Paar alte Socken, eine Abwurfstange von einem Rehbock und ein Büffelhautknochen sind die Utensilien, um die wir uns streiten.

Mit jedem Tag wird die Welt größer, leider damit auch die Anzahl der vielen „Pfuis!". Pfui ist es, am Teppich zu knabbern; pfui ist es, an den Gardinen zu ziehen, pfui ist es, ein Häufchen in die Küche oder ein Bächlein ins Wohnzimmer zu setzen; „pfui!" heißt es – ach, ich weiß nicht, wie oft am Tage. Das Pfui selbst wäre ja zu ertragen, aber Herrchen und Frauchen werden dann böse und wollen auf keinen Blödsinn mehr eingehen. Also gehe ich dem besser aus dem Wege, melde mich an der Tür, wenn ich dringend hinaus muß, und knabbere am Teppich nur noch, wenn es keiner sieht.

Seit einigen Tagen macht mir auch das keinen Spaß mehr. Es ist langweilig geworden, seitdem mich Herrchen mit in den Wald nimmt. Anfangs traute ich mich nicht von seinen Füßen fort, weil ich Angst hatte, er könne mir abhanden kommen, und ich säße dann mutterseelenallein in der Wildnis.

Als ich neulich dann doch vom Weg abwich, weil es von einem alten Reisighaufen her so wunderbar duftete, glaubte ich doch tatsächlich, Herrchen wollte mich aufhängen. Ich bekam einen Lederriemen um den Hals und wurde an eine lange Leine genommen. Vor Angst stemmte ich mich mit allen Vieren dagegen, hopste in die Luft oder blieb einfach auf dem Bauch liegen, bis ich endlich merkte, daß Herrchen mir nichts Übles wollte und ich nur brav mit ihm laufen mußte, um den Druck am Hals nicht mehr zu spüren.

Seitdem ich weiß, daß ich „Titus" heiße, und auch folge, wenn Herrchen mich leise ruft, muß ich nur noch selten an die Leine. Und wenn schon, so macht es mir gar nichts mehr aus, denn Herrchen zeigt mir so viele Dinge, daß ich darüber die Leine völlig vergesse.

Vor einigen Tagen waren wir an den Teichen. Vor mir tat sich eine weite spiegelnde Fläche auf, vor der ich erstaunt stehen blieb. Natürlich wollte ich es genau wissen, und schon stand ich bis zum Bauch im Wasser. Erst soff ich ein wenig, weil ich vom Laufen durstig war; dann steckte ich den Kopf bis über die Augen ins Wasser, und da ich gerade Luft in der Lunge hatte, blubberten Luftblasen nach oben. Das war ein herrlicher Spaß; immer wieder pustete ich ins Wasser, und Herrchen war ganz überrascht und sagte begeistert zu Frauchen, was für ein tapferer Kerl ich doch sei, und daß ich ihm später gewiß die Enten aus dem Wasser holen würde. Ich weiß zwar nicht, was für Viecher das sind, doch werde ich es wohl noch erfahren. Was ich ihm dann am nächsten Tag aus dem Wasser holte, war nur ein Schilfstengel, den ich gerne haben wollte. Daß ich dabei schwimmen mußte, machte mir gar nichts aus, Herrchen aber war darüber ganz aus dem Häuschen vor lauter Freude.

Zwei Tage später stieß ich auf einem Waldweg auf einen erregenden Duft: Im Sand „standen", wie Herrchen mir erzählte, die Trittsiegel von einem Stück Rotwild. Da ich mir nichts darunter vorstellen konnte, begann ich, in einem der Trittsiegel zu buddeln. Ich wollte es wieder einmal genau wissen und dachte, irgend etwas wird schon darunter zu finden sein. Doch es war nichts, und ich war um so mehr enttäuscht, als Herrchen lauthals darüber zu lachen begann.

Am nächsten Abend bummelten wir wieder diesen Weg entlang; er führte uns an eine Kultur. Plötzlich blieb Herrchen regungslos stehen, und auch ich verhielt mich ganz still, denn wieder kam mir der erregende Duft in die Nase; ein Trittsiegel aber war nirgends zu sehen. Doch schon nahm Herrchen mich behutsam auf den Arm – und dann sah ich sie, die beiden Stücke Rotwild auf der Kultur! Riesengroß waren sie, und da der Wind uns von ihnen her zustand, wurde mir klar, daß sie es waren, deren Witterung mich so erregte. Gottlob war Herrchen bei mir, denn mein Herz klopfte mir vor Angst und Aufregung; ganz eng drückte ich mich an ihn. Als das Wild längst in einer Dickung verschwunden war, und ich wieder auf der Erde saß, starrte ich immer noch zur Kultur hinüber, obgleich dort doch nichts mehr zu sehen war.

Abends nahm mich Herrchen dann mit auf einen Hochsitz. Wie groß und weit die Welt doch war! Nein, ich hatte keinerlei Angst. Alles war neu und aufregend: das Warnen der Drossel, das Ticken eines Rotschwänzchens, der klatschende Flügelschlag einer Ringeltaube. Hin und wieder knackte es hinter uns in der Dickung. Es schien mir gefährlich, doch als ich leise knurrte, um Herrchen zu warnen, streichelte er mich beruhigend und nahm mich auf seinen Schoß. Nun konnte ich noch weiter in die Runde sehen. Daß die Welt so groß ist, dachte ich, und kam aus dem Staunen nicht heraus.

Und dann erzählte mir Herrchen von dem Leben, das mich erwartete, von Hasen und Rehen, von starken Hirschen und gefährlichen Sauen, vom Fuchs und vom Dachs und von ihren tiefen Burgen. Und daß wir dieses Wild jagen werden, und ich mich vor nichts zu fürchten brauche, denn selbst die größten Hirsche würden vor mir davonlaufen. Nur vor den Sauen müsse ich mich vorsehen, denn die verstünden sich zu wehren, zumal wenn sie krankgeschossen seien. Angeschweißtes Wild nachzusuchen, würde meine vornehmste Aufgabe sein, und das Beste, was ich besäße, sei meine Nase, die ihn, das Herrchen, an das Wild führen werde. Auch hätte ich die Sauen aus den Dickungen zu bringen, auf Kaninchen zu stöbern und Füchse aus dem Bau zu sprengen. Mit den Füchsen und Dachsen dürfte ich mich jedoch erst anlegen, wenn ich, etwa in einem halben Jahr, gegen Tollwut geimpft worden sei.

Wenn ich ehrlich bin – viel habe ich ja von dem, was Herrchen mir erzählte, nicht verstanden, weil ich mir noch nichts unter all den Viechern vorstellen kann. Aber Spaß und Freude bereitet es mir doch, wenn Herrchen mit mir wie zu einem Erwachsenen spricht. Wir sind dann wie zwei richtige Kumpel, die aufeinander eingeschworen sind.

Eines weiß ich schon heute: Langweilig wird es mit Herrchen im Wald niemals werden, und vieles werden wir draußen noch erleben. Und darauf freue ich mich von Tag zu Tag mehr.

Berühmte Männer und ihre Hunde

Als Jäger wissen wir um den Wert unserer Hunde. So eindrucksvoll ihre Leistungen auch sind – ihre bedingungslose, bis zum Tod anhaltende Treue ist es, die sie uns mehr als jedes andere Geschöpf lieben läßt. Diese Liebe zum Hund bereichert nicht nur uns Jäger, sie erfüllt auch das Leben jedes anderen Menschen, dem sich als treuester Gefährte ein Hund – und sei es selbst ein Bastard – angeschlossen hat.

Bereits vor fast 3 000 Jahren schilderte HOMER im 17. Gesang seiner „Odyssee" die erschütternde Begegnung des griechischen Helden Odysseus mit seinem Hund „Argos". Nach zehnjähriger Irrfahrt an den heimatlichen Strand von Ithaka zurückgekehrt, erkennt ihn in seiner Bettlergestalt als einziger sein Hund:

„Früher jagten die Jungen mit ihm auf Hasen und Rehe und wilde Ziegen. Doch jetzt, da der Herrscher nicht da war, lag er verwahrlost mitten in Mengen von Mist. Da lag dann Argos voll Ungeziefer. Jetzt aber, als er Odysseus bemerkte, der nahe herankam, fing er an mit dem Schwanz zu wedeln und senkte die Ohren, doch seinem Herrscher noch näher zu kommen, fehlten ihm die Kräfte. Der aber blickte beiseite und wischte sich Tränen vom Auge. Argos indessen entraffte das Schicksal des schwarzen Todes, kaum daß er Odysseus wiedergesehen im zwanzigsten Jahre."

WILLIAM SHAKESPEARE schrieb 1595 in seinem „Sommernachtstraum":

„Auch meine Hunde sind aus Spartas Zucht, weitmäulig, scheckig und ihr Kopf behangen mit Ohren, die den Tau vom Grase streifen. Krummbeinig, wammig, wie Thessaliens Stiere. Nicht schnell zur Jagd, doch ihre Kehlen Ton folgt aufeinander wie ein Glockenspiel. Harmonischer scholl niemals ein Gebell zum Hussa und zum frohen Hörnerschall in Kreta, Sparte noch Thessalien. Entscheidet selbst!"

CARL JULIUS WEBER berichtet in seinem 1862 erschienenen „Demokritos", der Hund des athenischen Feldherrn Themistokles (527−460 v. Chr.) habe einmal geäußert:

„Mein Herr regiert die Stadt, meine Frau den Herrn und ich die Frau."

Und WEBER fügt hinzu, viele Lieblinge könnten, wie das Themistokles Hund, so von ihrem Herrn sprechen.

JUSTUS LIPSIUS (1547–1606), Professor der Geschichte in Jena, ließ seinem geliebten Hund einen Grabstein setzen mit der Inschrift:

„Sit tibi benignus frater Cerberus!" („Cerberus, der Wächter der Unterwelt, sei dir ein freundlicher Bruder!")

Der ägyptische König Entef ließ sich mit seinen vier Windhunden „Abagere", „Bohka", „Pehtes" und „Tequeru" auf seinem Grabmal abbilden.

Einer der Kaiser Japans – geboren unter dem Zeichen des Hundes – war ein solcher Hundenarr, daß er seinen Untertanen befahl, sie sollten ihre toten Hunde eigenhändig und mit Anstand begraben. Wie gut, sagten die Untertanen, daß unser Kaiser nicht unter dem Zeichen des Pferdes geboren wurde . . .

Der englische König Karl II. ging nie ohne seine Hunde in den Staatsrat. Sein Nachfolger, König Jakob, rief bei einer Sturmkatastrophe:

„Kinder, rettet mir nur meine Hunde und Marlborough!"

Gemeint war der von König Jakob II. zum Peer erhobene Herzog John Churchill von Marlborough.

Auch der bekannte „Lügenbaron" Frhr. K. F. H. von MÜNCHHAUSEN war als Hundenarr bekannt. Seine Behauptung jedoch, sein Hühnerhund sei beim Jagen so unermüdlich gewesen, daß er sich die Füße abgelaufen habe und zum Dachshund geworden sei, müssen wir seiner nicht weniger unermüdlichen Phantasie zurechnen.

KARL XII. von Schweden (1682–1718) liebte seinen Hund „Pompe" über alles. Als „Pompe" während des Krieges in Rußland starb, ließ der König ihn in die Heimat überführen und feierlich beisetzen.

Als LUTHER eines Tages von einem Freund gefragt wurde, ob nach der Auferstehung auch unvernünftige Tiere im Jenseits sein würden, antwortete er:

„In alle Wege ja, denn der neue Himmel wird nicht öde und wüst sein, sondern voll schöner Kreaturen! Ein jedes Hündlein wird sein gulden Halsband haben, von edlem Gestein, und an jedem Härlein ein Perlein."

24

„Treue? Was ist Treue? Im Menschen such' sie nicht. Sie hat bewiesen nur das Tier, die ränkelose, reine Kreatur."

FRIEDRICH II., der Große, war es, der diese Worte schrieb. Seine Windhunde – am nächsten standen ihm „Biche" und „Alcimene" – fanden ihre letzte Ruhestätte auf der Terrasse von Schloß Sanssouci. Als „Biche" während des Siebenjährigen Krieges dem Feind in die Hände gefallen war, wurde ihre Rückgabe Teil des Friedensvertrages von Dresden.

NAPOLEON äußerte über seine Mitmenschen:

„Wenn sie die Hunde nicht lieben, dann lieben sie auch die Treue nicht."

Von JEAN PAUL stammt das Wort:

„Im Tierauge spiegelt sich der Mensch, im Menschenauge oft das Tier."

Und während MARK TWAIN mit einigem Zynismus meinte:

„Wenn du einen Hund gesundpflegst, wird er dich später nicht beißen, das ist der Hauptunterschied zwischen Mensch und Tier,"

betrachtete EMILE ZOLA es als eine heilige Aufgabe, hilflose Tiere zu beschützen vor Qualen, die wir von ihnen abwenden können.

Der belgische Dichter MAURICE MAETERLINCK (1862–1949) schrieb voller Nachdenklichkeit:

„Der Mensch liebt seinen Hund, aber wie müßte er ihn erst lieben, wenn er sich klar machte, welche große und einzige Ausnahme in einem Naturganzen von unbeugsamen Gesetzen diese Liebe eines Wesens ist, das, um sich uns zu nähern, die sonst undurchdringlichen Scheidewände, die dem Atem gezogen sind, zu durchbrechen gewußt hat. Wir sind allein, völlig allein auf diesem Planeten des Zufalls; und unter allen Gestalten des Lebens, die uns umgeben, hat sich nicht eine mit uns verbündet – außer dem Hund."

Ein ebenso berühmtes wie berüchtigtes Gebäude in Paris war die „Conciergerie", das französische Staatsgefängnis. In ihm verweilte die unglückliche Königin Maria Antoinette bis zu ihrer Hinrichtung. Einziger Trost war ihr in diesen düsteren Wochen ihr Hündchen. Am 14. Oktober 1793 wurde sie aufs Schafott geführt. Noch 1795 sah man ihren kleinen Hund sich in der Nähe der „Conciergerie" herumtreiben. Das Volk nannte ihn, angerührt von seiner Treue, „le chien de la Reine", „den Hund der Königin".

Als GOETHE in seinem 74. Venetianischen Epigramm geschrieben hatte:

„Wundern kann ich mich nicht, daß die Menschen die Hunde lieben, denn ein erbärmlicher Schuft ist wie der Mensch so der Hund",

entgegnete ihm SCHOPENHAUER:

„Wundern darf es mich nicht, daß manche die Hunde verleumden, denn es beschämet zu oft leider den Menschen der Hund."

Zwar meint auch GOETHE im „Faust":

„Dem Hunde, wenn er gut erzogen, wird selbst ein weiser Mann gewogen",

das innige Verhältnis zum Hund, wie es SCHOPENHAUER besaß, aber hatte er nicht. Als SCHOPENHAUER den Verlust eines seiner Hunde hinnehmen mußte, schrieb er an seinen späteren Biographen FRAUENSTÄDT:

„Meinen teuern, lieben, großen, schönen Pudel habe ich verloren; er ist vor Altersschwäche gestorben, nicht ganz zehn Jahre alt. Hat mich inniglich betrübt und lange."

Der erhabene Geist GOETHES hatte ein solch inniges Verhältnis zum Hund nicht.

Anders als er und ähnlich wie SCHOPENHAUER empfand RICHARD WAGNER, fragte er sich doch:

„Ich weiß nicht, wie der liebe Gott einmal bei der großen Abrechnung mein Lebenswerk bewerten wird. Ich habe in den letzten Wochen über fünfzig Partiturseiten Parzival geschrieben und drei jungen Hunden das Leben gerettet. Warten wir ab, was gewichtiger auf die Waagschale drücken wird."

Wohl das schönste Denkmal, das je einem Hund errichtet wurde, befand sich in Bad Niederau. Ein Bruder des von allen Menschen verlassenen Generals Kellermann, dem nur sein Hund noch bis zum Tod treu geblieben war, ließ es setzen. Es trug die Inschrift:

„Als einst die Treue sich dieser Welt verloren, hat sie zu ihrem Sitz des Hundes Herz erkoren."

Das Grab an der Kanzel

Wie wird das Herz mir schwer,
wenn, alt geworden, ich zum Abend
die Kanzel Schritt für Schritt hinuntersteige
und vor dem Hügel mich,
vor dir, mein Hund, in bittrer Wehmut neige!

Sie sagen, du seist tot.
Und doch – wie könnte ich es glauben!
Auch wenn dein Leib der Erde heimgegeben,
weiß ich doch selber nicht,
ob ich als Toter träume nur vom Leben.

Vielleicht ist selbst mein Leib
schon längst von dieser Welt gegangen
und lebt doch ewig schon auf dieser Erde,
nach göttlichem Gesetz
zu sterben wohl, doch heißt es: Stirb und werde!

Auch du bist Seele, wirst
von wundersamen Wegen träumen,
von grüner Heide und von weißen Birken
– ich bin es so gewiß,
das wird das Werde auch an dir bewirken.

Und wenn ich heimwärts nun
zur Hütte meine Schritte lenke
– du bist bei mir und wirst es immer bleiben.
Gott gab die Traumwelt uns
– wer wollte uns aus dieser Welt vertreiben!

Ein Herz für Tiere

Es gibt wohl nur wenige Menschen, die kein Herz für eine leidende Kreatur haben. Darin bilden auch die Jäger keine Ausnahme. Wo immer sie ein Tier in Not sehen, fühlen sie sich aufgerufen zu helfen. Ich selbst habe mich immer glücklich geschätzt, wenn es mir gelang, ein Tier – aus welcher Not auch immer – zu befreien:

- Den Regenwurm, der nach einem Regenguß auf den Asphalt geraten war und sich dem Tod durch die ultravioletten Strahlen der Sonne ausgesetzt sah, versenkte ich behutsam in die angrenzende Ackererde.

- Dem hilflos auf dem Rücken liegenden Mistkäfer half ich gerne wieder auf die Beine.

- In meinem Revier durften die Waldarbeiter an den Wegrändern keine steilwandigen Löcher graben, um aus ihnen Material für die Wegverbesserung zu entnehmen, ohne sie hernach mit genügend Reisig aufzufüllen, das es den Käfern, Fröschen, Mäusen oder sonstigem Getier ermöglichte, der tödlichen Fallgrube zu entkommen – gewiß eine geringe Mühe, die dennoch bewirkt, daß Geschöpfen, die nicht weniger als wir am Leben hängen, das Leben erhalten wird.

Eines Tages, an einem Sonntag im August, schreckten mich zwei Buben vom benachbarten Hof aus der Mittagsruhe auf; sie hatten im Lutterbach, knapp einen Kilometer vom Forsthaus entfernt, ein Rotwildkalb entdeckt. Es lebe noch, erzählten sie mir, es stehe bis zum Bauch im Wasser und mache keinerlei Anstalten, die Lutter zu verlassen; fast eine Stunde hätten sie es beobachtet.

„Das gibt es doch nicht", dachte ich, gab aber sogleich dem Drängen der beiden nach, ihnen an die Lutter zu folgen. Tatsächlich stand das Kalb – so, wie sie es mir beschrieben hatten – immer noch in dem selbst im August recht kalten Wasser.

Die Situation, in die es geraten war, wurde mir klar, als ich sah, daß es zwischen einer Wiese und einer steilwandigen, bewaldeten Böschung in der Lutter stand. Zweifellos war das dazugehörige Alttier bereits am Morgen von der Äsung, die hier zwei Meter breite Lutter überfallend, über die Böschung in seinen Einstand zurückgekehrt, während das Kalb das steile Hindernis nicht hatte überwinden können. Mit der Zeit apathisch geworden, immer aber noch von dem Trieb beseelt, der Mutter unmittelbar zu folgen, war es im Wasser stehengeblieben.

Natürlich zog ich mich sofort aus, um es aus seiner unglücklichen Lage zu befreien. Ohne Widerstand ließ es sich auf die Arme nehmen und über die Böschung tragen. Behutsam dort abgesetzt, verharrte es nur kurze Zeit, bevor es – zögernd erst, dann aber zielstrebig – dem Wechsel der Mutter folgte. Die Buben hatten an der Rettungsaktion ihren Spaß.

Als ich zwei Tage später das Alttier wieder zusammen mit dem Kalb auf der Wiese äsen sah, konnte auch ich mich über den Erfolg der Aktion freuen. Auf den Gedanken, das zu dieser Zeit der Bejagung unterliegende Kalb zu schießen, war ich keinen Augenblick gekommen.

Ein nicht weniger merkwürdiges Erlebnis bereitete mir ein Rehbock, den ich in einer engen Kieferndickung klagen hörte. Auch ihn hätte ich der Jahreszeit entsprechend erlegen können, die Umstände aber, unter denen ich ihn in seiner bedrängten Lage vorfand, ließen mich von solch „finsteren" Gedanken Abstand nehmen. Ich glaubte meinen Augen nicht zu trauen, als ich an der Drossel des auf der Seite liegenden Bockes den mir bekannten Teckel eines benachbarten Kollegen hängen sah. Natürlich nahm ich an, daß der Bock krank sei; wie sonst wäre es dem Teckel möglich gewesen, ihn niederzuziehen. Da der Bock jedoch keinerlei Verletzungen aufwies, verzichtete ich darauf, ihn abzufangen. Nachdem ich „Krüper", den Teckel, von ihm abgedrängt hatte, ließ er sich widerstandslos von mir auf die Läufe stellen. Nichts deutete auf eine Verletzung oder Erkrankung des Bockes hin. Schließlich gab ich ihm einen Klaps auf den Hintern – pardon: auf den Spiegel – und verwirrt, doch offensichtlich gesund sprang er ab. Es gab für mich keine andere Erklärung: Der Bock war im Schlaf vom Teckel überrascht und überwältigt worden. Allenfalls erst zwei bis drei Jahre alt, zog er noch manchen Sommer seine Fährte durch mein Revier.

Wo immer wir als Jäger auf ein ohne unser Verschulden in Not geratenes Stück Wild stoßen, betrachten wir es nicht mehr als Beute; wir möchten es hingegen, wenn auch nur einige Aussicht dafür besteht, gesund der Wildbahn zurückgeben. Wir sehen uns ihm gegenüber – und das ist recht aufschlußreich für die Psyche des Jägers – in einer anderen Position, aus der nicht selten der Verzicht auf einen Fangschuß als humanere Lösung für das leidende Wild resultiert. Handelt es sich hingegen um krankgeschossenes Wild, zögern wir nicht, ihm den Fangschuß anzutragen; jede Nachsuche zielt darauf ab.

Vor etlichen Jahren fand ein mir benachbarter Revierförster einen Rehbock, dem bei einem Verkehrsunfall ein Lauf gebrochen worden war. Es gelang ihm, den Bock einzufangen. Ein befreundeter Arzt legte dem Bock einen Gipsverband an, der bei dem glatten Bruch eine baldige Heilung erwarten ließ. Doch kaum war der Bock nach der Behandlung im umzäunten Garten des Forsthofes ausgesetzt worden, überfiel er auch schon den nicht allzu hohen Zaun und verschwand mit seinem Gipsverband im angrenzenden Wald. Zwei Wochen später wurde der Patient verludert im Revier aufgefunden; ein gesunder Bock hatte ihn zu Tode geforkelt.

Gewiß ließe sich einwenden, die Behandlung wäre von Erfolg gekrönt gewesen, hätte man den Bock in einem höheren Gatter verwahrt. Doch auch damit wäre ein Erfolg noch nicht sichergestellt gewesen. Jedes seiner Freiheit beraubte Wild unterliegt einem starken Streß, dessen Folgen nicht vorauszusehen sind. Selbst wenn es sich uns während der Pflege vertrauensvoll anschließen sollte, kommt doch der Tag, an dem wir uns fragen müssen, was nun mit ihm geschehen soll. Können wir es noch der freien Wildbahn überlassen, nachdem es die Scheu vor den Menschen und damit nicht selten auch vor Hunden verloren hat?

Einem meiner Reviernachbarn wurde ein Rehkitz ins Haus gebracht – wie üblich in der törichten Annahme, es sei von seiner Mutter verlassen worden. Mein Nachbar zog das Kitz mit viel Liebe und Sorgfalt auf. Als Schmalreh entließ er es dann in die Freiheit. Im Winter darauf fand ich das mir bekannte Schmalreh von Hunden gerissen in der Nähe unserer gemeinsamen Reviergrenze. Sein Ende ließ sich im Neuschnee eindeutig rekonstruieren. Das Reh war vor den Hunden nicht flüchtig geworden; völlig vertraut hatte es die Hunde „erwartet", bis es dann angefallen und gerissen wurde. Das Aussetzen inzwischen domestizierten Wildes bleibt stets mit einem unwägbaren Risiko behaftet.

Von verständlicher, aber unangebrachter Tierliebe zeugen zwei Vorfälle, die nicht weniger enttäuschend endeten.

Eines Nachts brachten mir zwei Männer in ihrem Auto einen noch lebenden Rehbock, mit dem sie auf der Bundesstraße zusammengestoßen waren. Sie baten mich, den Bock in Pflege zu nehmen und notfalls auf ihre Kosten von einem Tierarzt behandeln zu lassen. Die nicht unerhebliche Beschädigung ihres Wagens schien sie weniger zu belasten. Gemeinsam hoben wir den Bock aus dem Kofferraum und setzten ihn im Licht der Scheinwerfer auf die Straße. Sein Anblick war erbarmungswürdig; zwei Läufe des Bockes waren gebrochen, in der Dünnung zeigte sich eine faustgroße Geschwulst. Als ich ohne weitere Debatte die Pistole zog und den Bock durch einen Fangschuß von seinen Qualen erlöste, waren die Männer empört. Schließlich sahen sie dann doch ein, daß dies die humanere Lösung gewesen war. Bedrückt stiegen sie in ihren Wagen und fuhren davon, während ich ihnen – zwar überzeugt, das Rechte getan zu haben – mit zwiespältigen Gefühlen nachblickte.

Ein anderer Verkehrsteilnehmer hatte am frühen Morgen in einem Revier eine Ricke angefahren. Da er einen für ihn wichtigen Termin im sechzig Kilometer entfernten Hannover nicht versäumen wollte, setzte er die verletzte Ricke kurzerhand auf den Rücksitz seines Wagens und lieferte sie in Hannover in der Tierärztlichen Hochschule ab. Da er dort genaue Angaben über das Revier, in dem ihm die Ricke vor den Wagen geraten war, machen konnte, erfuhr ich bereits am nächsten Tag von dem Vorfall. Inzwischen war der Ricke in der Klinik ein völlig zertrümmerter Hinterlauf amputiert worden. Vierzehn Tage später ging die Ricke trotz bester Pflege und berechtigter Hoffnung auf Heilung an einer Embolie ein.

Nur allzu oft endet die Hilfe, die wir einem verletzten Stück Wild angedeihen lassen, trotz berechtigter Hoffnung auf einen Erfolg mit einem qualvollen Tod des Tieres.

Man mag dem entgegenhalten, daß es auch Beispiele für gelungene Heilbehandlungen gibt und man grundsätzlich nicht verallgemeinern sollte. Gewiß, doch weil wir nie mit Sicherheit wissen, wie sich unsere Hilfe für ein verletztes Tier auswirken wird, sollten wir in allen nicht eindeutig aussichtsreichen Fällen den humanen Fangschuß einer mehr oder minder fragwürdigen „Ersten Hilfe" vorziehen.

Ein Herz für Tiere – auch im Fangschuß, im schnellen, schmerzlosen Töten einer leidenden Kreatur kann es sich offenbaren.

Begegnungen mit Riesenkäfern

Ein Vierteljahrhundet betreute ich im Süden der Lüneburger Heide ein wildreiches Forstrevier. Das Forsthaus, idyllisch am Waldrand gelegen, war uns schon nach wenigen Jahren zur Heimat geworden. Alte Eichen umsäumten den von der Hausfrau liebevoll gepflegten Garten. An warmen Sommerabenden war die in das Haus eingebaute Veranda ein nicht nur bei uns, sondern auch von lieben Gästen bevorzugter Platz, an dem wir bei Kerzenlicht manche Flasche Wein leerten und uns in angeregten Gesprächen ergingen.

Eines Abends – eine alte Notiz weist aus, daß es der 19. Juni 1954 war und das Thermometer 32 °C anzeigte – saßen wir dort wieder in gemütlicher Runde, als aus der Dunkelheit des Gartens ein tiefes Brummen laut wurde und uns in der Veranda ein dumpfer Knall aufschreckte. Ein Käfer, wie wir ihn in solcher Größe noch nie gesehen hatten, war – vom Kerzenlicht angelockt – in die Veranda geflogen, gegen die getünchte Wand geprallt und auf den Boden gestürzt. Behutsam nahm ich ihn auf und sah auf den ersten Blick hin, daß es ein männliches Exemplar des mir bis dahin unbekannten Nashornkäfers (*Oryctes nasicornis*) war; zu typisch war sein mitten auf dem Kopf befindliches, nach hinten gekrümmtes Horn, als daß ich ihn verkennen konnte. Für mich als entomologisch interessierter Forstmann war die Begegnung mit ihm eine kleine Sensation; nie zuvor hatte ich den zu den Riesenkäfern zählenden Nashornkäfer gesehen; auch später ist er mir nie wieder unter die Augen gekommen. Vorsichtig setzte ich ihn nach eingehender Betrachtung am Waldrand aus.

Fast vier Zentimeter lang, bietet das Männchen des glänzend kastanienbraunen Nashornkäfers einen imponierenden Anblick. Seine Heimat ist das nördliche Europa, wo er sich in humoser Gartenerde und Böden mit ausgelaugter Gerberlohe entwickelt. Im Juni und Juli erscheint er zum Hochzeitsflug. Das befruchtete Weibchen legt seine Eier einzeln im Mulm verwester Eichenlohe ab. Aus ihnen entwickeln sich im August die Larven, die sich erst nach mehreren Jahren tief in der Erde in einem eirunden Kokon verpuppen. Zwei Monate später dann ist die Metamorphose des Käfers, die Formveränderung während seiner Entwicklung, beendet, und er startet erneut zum Hochzeitsflug. – Ob der

Nashornkäfer heute in der Südheide überhaupt noch vorkommt, muß bezweifelt werden.

Bekannter, wenn auch ebenfalls bereits selten geworden, ist der Hirschkäfer (*Lucanus cervus*). Hinsichtlich seiner Größe – die Männchen können einschließlich ihres „Geweihs" annähernd neun Zentimeter lang werden – ist er durchaus mit den Riesenkäfern der Tropen zu vergleichen. Wobei jedoch starke Schwankungen in der Größe zu beobachten sind. Immer wieder kommen Zwergformen vor, die nur eine Körperlänge von vier bis fünf Zentimetern aufweisen; sie sind als verkümmerte Exemplare zu betrachten und werden gelegentlich als „Rehkäfer" bezeichnet.

In den sechziger Jahren fand ich in der Nähe des Forsthauses am Fuß einer alten Eiche vier tote Hirschkäfer. Derartige Ansammlungen toter Exemplare werden als „Hirschkäferfriedhöfe" bezeichnet. Man findet sie nur nach beendeter Flugzeit der Käfer; es ist ihr Schicksal, nach der Hochzeit zu sterben. Bis vor ein paar Jahren hatte ich keine lebenden Hirschkäfer beobachtet. Um so überraschter war ich, als mich im Juni 1986 ein Forstwirt aus einem benachbarten Heidedorf anrief und mir von einer wahren Invasion von Hirschkäfern in seinem von alten Eichen begrenzten Garten berichtete. Natürlich suchte ich ihn sogleich mit meiner Kamera auf, um die Käfer zu sehen und zu fotografieren.

Das starke Vorkommen von Hirschkäfern in seinem Garten fand eine ebenso merkwürdige wie einmalige Erklärung. Der Forstwirt hatte etwa acht Jahre zuvor seinen im Garten gelegenen Hundezwinger mit Eichenrundholzabschnitten gepflastert, die unterseits im Laufe der Zeit vermodert waren und für die Eiablage der weiblichen Hirschkäfer einen hervorragenden Nährboden abgegeben hatten. Erstaunlich war, daß die Käfer sich durch die mit Asphalt ausgegossenen Fugen des Pflasters an die Oberfläche zu arbeiten vermocht hatten. Wenigstens zwei Dutzend Käfer männlichen und weiblichen Geschlechts zählte ich im Zwinger und in dessen unmittelbarer Nähe. Das Eichenholzpflaster war von den Larven so stark zerstört worden, daß es erneuert werden mußte.

Hirschkäfer schwärmen im Juni zu jeder Tageszeit, am lebhaftesten bei drückender Gewitterschwüle. Sie ernähren sich während dieser Zeit vom ausfließenden Saft verletzter Eichen. Das Weibchen legt nach der Befruchtung seine Eier an toten Eichen-, gelegentlich auch an Buchen- und Ulmenstümpfen ab, von deren Humusteilchen sich die Larven ernähren, bis sie später das faulende Holz selbst angreifen. Erst im fünften Jahr sind die Larven erwachsen und erreichen dann die stattliche Länge von zehn bis elf Zentimetern. Im fünften Sommer verpuppen sie sich in einem gänseeigroßen Gehäuse, ein leider von Sauen und Dachsen gezielt gesuchter Leckerbissen. Im sechsten Sommer, also nach fünfjähriger Generation, erscheinen dann wieder die fertigen Käfer.

Der Hirschkäfer ist der größte mitteleuropäische Käfer. So selten wie er bereits geworden ist, müssen wir Wege finden, seinen Bestand zu sichern. Wie Schuppen fiel es mir am Hundezwinger von den Augen, hier eine vielversprechende Möglichkeit dafür gefunden zu haben.

Voraussetzung für seine Vermehrung sind vor allem für die Eiablage geeignete angemoderte Eichenstümpfe, die aber weithin in unseren Wäldern fehlen. Also müssen wir sie künstlich schaffen, und was liegt da näher, als uns am Beispiel des mit Eichenholz gepflasterten Hundezwingers zu orientieren, indem wir entsprechende Pflaster in der Nähe alter Eichen auf humosen, nicht zu trockenen Böden auslegen? Benötigt werden dafür jeweils zirka siebzig ungeschälte Eichenabschnitte mit einer Länge von 25 und einem Durchmesser von etwa 15 Zentimetern; das entspricht in etwa einem halben Raummeter Eichenbrennholz. Die Pflaster sollten einige Zentimeter aus dem Boden hervorragen, damit sie von den Käfern leicht gefunden werden.

Es stellt sich die Frage, ob man für das Eichenholzpflaster besser frisches, im Saft geschlagenes Holz oder – falls vorhanden – bereits angemoderte Pfosten verwendet. Frisches Holz lockt durch den Saft die Käfer an; angemodertes bietet den jungen Käferlarven sogleich beste Nährstoffe. Zweckmäßig dürfte es sein, beide Rohstoffe zugleich zu verwenden. Um schwärmende Käfer während der Paarungszeit anzulocken, empfiehlt es sich, im Frühjahr in der Nähe der Pflaster befindliche Eichen durch geringfügige Verletzungen zur Absonderung von Baumsaft zu veranlassen. Wo die Gefahr besteht, daß Sauen den Käferlarven nachstellen, sind die Eichenholzpflaster durch einfache Gatter zu schützen.

Wer als Waldbesitzer bereit ist, sich für die Vermehrung des forstlich harmlosen Hirschkäfers einzusetzen, sollte einen entsprechenden Versuch mit zwei oder drei der beschriebenen Pflasterungen starten. In Anbetracht der fünfjährigen Generation der Käfer bedarf es einiger Geduld, bevor sich entsprechende Erfolge abzeichnen. Beschleunigen ließen sich derartige Aktionen durch das Aussetzen von andernorts eingefangenen Käfern an den vorbereiteten Pflastern zu Beginn des Hochzeitsfluges, wozu es aber entsprechender Genehmigungen seitens der Naturschutzbehörden bedarf.

Überzeugt von der Möglichkeit, durch Eichenholzpflaster den Biotop der Hirschkäfer wesentlich verbessern zu können, bat ich die niedersächsische Landesforstverwaltung, sich in geeigneten Revieren für entsprechende Maßnahmen einzusetzen. Die Landesforstverwaltung reagierte zustimmend, indem sie mir mitteilte:

„Eine Rücksprache mit dem Geschäftsführer der ‚Schutzgemeinschaft Deutscher Wald‘, Herrn Dr. Kürsten, ergab, daß Dr. Kürsten der Sache sehr positiv gegenübersteht und die Möglichkeit sieht, vielleicht als Anfang einer Reihe von Aktionen, mit einem der SDW-Ortsverbände ein solches Eichenholzpflaster anzulegen. Die Landesforstverwaltung würde diese Aktionen im Rahmen ihrer Möglichkeiten unterstützen."

Ein wenig stolz wäre ich schon, wenn meine am Hundezwinger gewonnene Eingebung zu einer auf breiter Basis erzielten Lebenshilfe für unsere Hirschkäfer führen würde. Vielleicht käme das sogar dem noch selteneren Nashornkäfer zugute, legt doch auch dessen Weibchen seine Eier in ausgelaugter Eichengerberlohe ab.

Im übrigen möchte ich hier meiner Vorliebe, auf die sich um die jeweiligen Tiere rankenden Märchen und Mythen einzugehen, auch im Hinblick auf den Hirschkäfer treu bleiben: „Feuerschröter" und „Donnerpuppe" nannten ihn die alten Deutschen und verknüpften diese Namen mit der Sage, daß der Hirschkäfer Thor, dem Gott des Donners, heilig war und in kein Haus gebracht werden durfte, weil er den Blitz anziehen sollte. Die Sage ließ ihn auch glühende Kohlen auf die Häuser tragen und sie in Brand setzen. Die alten Römer schätzten den Hirschkäfer als Heilmittel und hängten ihn den Kindern zum Schutz gegen unterschiedlichste Krankheiten um den Hals. Vom merkwürdigen Geschmack der alten Römer zeugt es, daß sie die Larven des Hirschkäfers als Leckerbissen verzehrten. Chacun à son goût!

Sehen, erkennen und folgern

Je bewußter wir die Umwelt entdecken, desto mehr Möglichkeiten gewinnen wir, sie zu nutzen, aber auch ihr zu helfen. Generationen von Jägern, Wissenschaftlern und Naturfreunden haben im Umgang mit ihr Erfahrungen gesammelt, derer wir uns ohne weiteres Nachdenken bedienen. Wie beglückend aber ist es, aus eigener Überlegung, aus selbständiger Deutung zu nutzbringenden Schlußfolgerungen zu gelangen!

Eines Tages beobachtete ich am See einen Sommergast, der als passionierter Angler auf einer Wiese mit verblüffendem Erfolg Regenwürmer als Köder einsammelte. Er bediente sich dafür einer aus flüssiger Seife hergestellten Lauge, die er über mehrere Quadratmeter gemähter Wiesenfläche ausgoß; wenigstens drei Dutzend Regenwürmer schossen daraufhin an die Oberfläche.

„Sie kommen gewiß aus der Stadt?" fragte ich ihn.

„Stimmt", antwortete er, „doch warum fragen Sie?"

„Weil es mir nicht gefällt, wie Sie hier die Umwelt vergiften!"

„Auf so kleiner Fläche? Was kann das schon ausmachen?"

„Wenn sich jeder Angler Ihrer chemischen Keule bedienen würde, sähe das wohl anders aus."

„Wie soll ich denn sonst an Regenwürmer kommen? Der Bauer hier läßt es nicht zu, mit dem Spaten danach zu graben."

„Was durchaus zu verstehen ist. Gewiß würde er aber nichts dagegen haben, wenn Sie sich dafür einer Forke bedienen würden."

„Damit kann man doch den Boden nicht umgraben."

„Das sollen Sie auch nicht. Kennen Sie den ärgsten Feind der Regenwürmer?"

„Nee!"

„Es ist der Maulwurf. Er verfolgt die Würmer, indem er ihnen nachgräbt, was unvermeidlich zu entsprechenden Bodenerschütterungen führt. Diese von den Regenwürmern gefürchteten Erschütterungen können Sie mit einer Forke nachahmen, indem Sie deren Zinken schräg in die Grasnarbe stoßen und den Forkenstiel leise rütteln. Am erfolgreichsten praktizieren Sie das, wenn Sie dafür alte, bereits eingetrocknete Kuhfladen, die Sie zuvor abdeckeln, wählen. Sie werden sehen, daß dabei nicht weniger Regenwürmer ans Tageslicht kommen als durch Ihre umweltfeindliche Lauge."

Der Mann dankte mir und versprach, wenigstens einen Versuch mit der von mir empfohlenen Methode zu machen. Ich bin sicher, sie wird ihn überzeugt haben.

Um ehrlich zu bleiben: Ich selbst bin nicht auf sie gekommen; ein Tippelbruder, der sich als Viehfütterer den Winter über bei meinem Vater verdingt hatte, verriet sie mir. Als Beispiel für eigenständiges Denken aber soll diese Methode hier dennoch erwähnt werden.

Als junger Forstmann beobachtete ich eines Tages im Winter in der Nähe eines kleinen Baches einen Fuchs, den ich gerne erbeutet hätte. Ich selbst stand am Bachufer in Deckung einiger Weiden und Erlen und hoffte, der noch außerhalb der Reichweite meiner Flinte befindliche Fuchs würde sich mir nähern. Ich ahmte auf dem nassen Daumen den spitzen Pfiff einer Maus nach, doch stand der Wind mir entgegen, und der Fuchs reagierte nicht auf die verlockenden Töne.

„Auf dem Bach liegen oft Enten", überlegte ich, „vielleicht würde mir der Fuchs auf deren Lockruf zustehen."

Schon als Junge vermochte ich das breite „Bräät-bräät" der Enten auf der geballten Faust täuschend zu imitieren. Also versuchte ich es mit deren Ruf.

Der Erfolg war verblüffend: In der Hoffnung, einen Entenbraten zu erbeuten, näherte sich der Fuchs zügig dem Bach, und die Schrotgarbe ließ ihn schmerzlos verenden.

Damals, Anfang der dreißiger Jahre, stritten wir jungen Jäger mit den Alten um die verwerfliche Methode, Füchse in Tellereisen zu fangen. Daß mir der Gedanke gekommen war, den Fuchs mit dem Entenruf zu betören, und es mir damit gelang, ihn auf weidgerechte Art zu erbeuten, ließ mich bereits damals erkennen, wie sehr es darauf ankommt, Folgerungen aus alltäglichen Beobachtungen zu ziehen.

Ein anderes Beispiel: Mein Vater hatte von der Forstverwaltung einen in seinem Revier gelegenen See gepachtet, in dem es noch reichlich Krebse gab. So gerne wir sie auch selbst aßen, war doch der Erlös, den wir aus dem Verkauf der Krebse erzielten, nicht zu verachten.

Als Junge stellte ich ihnen mit großer Passion nach. Ich fing sie mit bloßer Hand unter hohlen Uferböschungen, legte – wie ich es Zigeunern abgesehen hatte – im Wasser zu Tellern gebundene, mit Steinen beschwerte und mit Eierschalen beköderte Fichtenzweige aus, auf denen sich die Krebse sammelten, und bediente mich der von meinem Vater gekauften Krebsreusen.

Keine dieser verschiedenen Fangmethoden konnte mich noch befriedigen, nachdem mir der Gedanke gekommen war, den Fang auf eine natürlichere und schonendere Weise zu betreiben. Eine abgestorbene Altholzkiefer am See, an deren Fuß große muldenförmige Rindenplatten lagen, vermittelte mir die überraschende Eingebung:

Krebse halten sich bei Tag in hohlen Uferböschungen auf, wo sie nur schwer zu erreichen sind. „Wie wäre es", so überlegte ich, „wenn man die Rindenplatten der Kiefer mit einem Stein beschwert, so auf den etwa einen halben Meter tiefen Seegrund legt, daß sie als eine Art ‚Tunnel' die gleiche Funktion ausüben wie hohle Uferböschungen? Sollten die Krebse sich in den Rindentunneln ebenso geborgen fühlen wie unter den Böschungen, dürfte es kein Problem sein, sie mit einer leichten Gerte daraus in einen Kescher zu treiben."

In weniger als einer Stunde hatte ich fast ein Dutzend Rindenplatten am Grund des flachen Ufers mit Steinen beschwert verankert. Der Erfolg stellte sich bereits nach einigen Tagen ein; fast jeder Tunnel war mit mehreren Krebsen besetzt. Wann immer wir Krebse benötigten – ich konnte sie meinen Eltern jederzeit in ausgewählten Größen liefern.

Daß obendrein die Rindenplatten – man könnte sie auch durch künstliche Tunnel ersetzen – den Krebsen zusätzliche Deckung geben und damit deren Biotop verbessern, ist ein nicht weniger gewichtiger Vorteil der von mir entwickelten Fangmethode.

Sehen, erkennen und folgern: Wer immer sich als Jäger, Fischer oder Forstmann mit offenen Augen dieser Maxime bedient und bereit ist, alte Gepflogenheiten in Frage zu stellen, wird gewiß manch neue Wege finden, den Erfordernissen der Umwelt ohne wesentliche Preisgabe eigener Interessen besser als bisher gerecht zu werden. Eigensüchtig aber wäre es, solcherart gewonnene Erkenntnisse nicht weiterzugeben.

Ein Halm nur

Ein Halm nur
im Wind,
im Meer
unendlich wogenden Raumes.

Sehnsüchtig trieb sein Keim
aus dunklem Schoß
zum Tag,
trank jede Pore
hellhäutig glänzenden Schaftes,
zitternd im Glück der Erfüllung
sich neigender Ähre
das Licht.
Leicht wiegte
und froh
der Halm
die lockere Krone.

Als reif die Rispen
den Schaft
zur Erde hin neigten,
glückschwer und stumm
der Halm verharrte,
brach,
Gott entgegen,
der leichte,
liebliche Leib.

Ein Halm nur
im Wind,
im Meer
unendlichen Raumes.

Schwalbenidyll

In der Veranda des Forsthauses befindet sich über den vom Alter gebeizten Eichenbalken ein Schwalbennest. Fünf fast flügge Schwälbchen birgt es, deren breite Schnäbel gierig sperren, wenn die Alten mit Futter anfliegen. Eine unter dem Nest angebrachte Zigarrenkiste, in die das Geschmeiß der Brut fällt, trägt die auch jetzt noch sinnige Aufschrift „Marke Handelsgold". Unermüdlich jagen die beiden Alten über dem Garten und der nahen Viehweide nach Beute für die Jungen. Am Abend sitzen sie müde, doch zufrieden zwitschernd neben dem Nest.

Draußen fällt leiser Regen auf den sattgrünen Rasen. Die Erde duftet, ebenso der blütenschwere Flieder. Der Ruch des Frühlings dringt durch die offenen Fenster ins Zimmer, in dem wir mit lieben Gästen plaudernd unter dem Licht des Kronleuchters sitzen. Ein leises Zwitschern – oder war es, weniger lyrisch, das Geräusch herabfallenden Geschmeißes? – läßt uns aufblicken. Greifbar nahe sitzt über uns auf dem Geweih des alten, mit mächtigen Augsprossen versehenen Achters das Schwalbenpärchen aus der Veranda. Offensichtlich gefällt es ihnen, nachdem die Jungen ihres unmittelbaren Schutzes nicht mehr bedürfen, in unserer Gesellschaft. Es stört sie weder unser Plaudern noch der Rauch unserer Zigarren. Es ist, als gehörten sie zu uns wie der Dackel unter ihnen auf dem Sofa oder wie die Gäste, die sich bei uns zu Hause fühlen.

Auch am Tage, wenn die Fenster offenstehen, fliegen sie ins Zimmer, zwitschern und zerren ein Weilchen auf einem der Geweihe, huschen elegant wieder in den Garten hinaus, hinauf in den blauen Himmel, hinab zur sperrenden Brut in der Veranda.

Zuweilen schimpft unsere gute Hausfrau über den Schmutz, den sie hinterlassen, oder – unangenehmer noch – über die am Lampenschirm und an den Stubenwänden begonnenen Nestbauten. Doch sind die Jungen dann da – noch immer gelingt es ihr, die Alten zum Nisten in der Veranda zu verleiten –, tut sie alles, ihnen das Leben zu erleichtern.

Einmal baute ein Schwalbenpärchen sein Nest an der Innenseite der vom Hof zur Waschküche führenden Tür. Es störte die Alten nicht, wenn wir die Tür mit dem daran befindlichen Nest öffneten. Problematisch wurde es nur, wenn meine Frau „große Wäsche" hatte, mehrere Stunden damit beschäftigt war und dichter Wrasen die Waschküche füllte. Dann mußte sie ihre Arbeit wohl zehnmal unterbrechen, um den Alten Gelegenheit zu geben, die Jungen zu versorgen. Sie tat es gerne, wenn auch über die „dummen Viecher" schimpfend, die ihren Nistplatz „so blöd" gewählt hatten.

Haben wir für mehrere Tage Besuch und ist es Sommer, so fragt der eine oder andere mit unserem Haus vertraute Gast als erstes: „Ich schlafe doch wieder im Schwalbenzimmer?" Auch hier, in das im Erker gelegene Fremdenzimmer, dringen die Schwalben vertraut ein, setzen sich, ein wenig eitel, auf den Rahmen des Spiegels, auf ein Bild oder gar aufs Fußende des Bettes, um morgens mit ihrem fröhlichen Zwitschern den Schläfer auf angenehmste Weise zu wecken.

Es ist etwas Eigenartiges um das Bild des alten Achters mit den beiden Schwalben darauf. Als der Hirsch im vergangenen Herbst in die Brunft zog, aus der ihn die Kugel riß, da flogen die beiden Schwalben vom Sommer Abschied nehmend vielleicht gerade über ihn hinweg. Die tote Trophäe an der Wand wird ihnen nichts mehr vom Leben des Hirsches erzählen. Und doch verbindet sie etwas mit ihm: der Sommer, der Wald, über den sie flogen, als er darin seine Fährte zog, oder nun das Forsthaus, in dem sie auf seinem toten, doch immer noch so lebendig sprechenden Geweih sitzen.

Im eigentlichen aber sind wir es, die sie miteinander verbinden, ist es unser Herz, das die Schwalben und den Frühling liebt, und das im Anblick des Achters, in der Erinnerung an goldene Herbsttage, schwerer schlägt.

Unverständlich erscheint es uns, daß in alter Zeit die Schwalbe nicht bei allen Völkern beliebt war.

Bei den Griechen stand sie im Ruf einer Schwätzerin, die sie nicht gerne unter ihrem Dach sahen. Erschien sie ihnen im Traum, kündigte sich damit Unheil an. Auch die Zukunft sollte sie voraussagen können, doch das stets nur in düsteren Farben.

Dem Gründer des altpersischen Reiches, Kyros, zeigte sie den für ihn unglücklichen Ausgang des Krieges gegen die Skyten an.

Dem Syrerkönig Antiochus III. prophezeite sie, daß er nach vielen Siegen am Ende seinen Feinden unterliegen werde.

Anders bei den Römern: Ihnen galt, im Gegensatz zum Sperling als einem phallischen Symbol, die Schwalbe als heiliger Vogel der Venus, in dem sie die Verkörperung des schamhaften, tugendsamen Weibes sahen.

Die germanischen Völker begrüßten sie als Frühlingsboten, der reichen Segen verheißt. Noch immer heißen wir sie als solchen willkommen und freuen uns der schönsten Jahreszeit, die sie uns bringt.

Am Ufer

Das Ufer hat sein eigenes Gesetz. Es lockt in gleißende Ferne und beschränkt dennoch den Schritt. Weite und Grenze ist es in einem: Weite, die Sehnsucht erweckt, Grenze, die uns stumm verharren läßt. Nichts ist hier unscheinbar, alles ist stark und beharrlich, das Leben in seiner Vielfalt, der Tod in seiner Voraussetzung für das Leben.

Das Schilf, in der Sonne flirrend, ragt auf als ein Gebet an die Sonne. Das Sternmosaik des Froschbisses, das lanzenspitzige Pfeilkraut breiten sich, zu einem Teppich von zarter Schönheit geknüpft, vor dem Ufer aus. Ein Kahn, modernd und mit dem Bug versunken, ist mit rostiger Kette an eine Weide gefesselt. Dennoch weht mich aus seiner sinnlos gewordenen Gebundenheit die Weite an, die er einst, getrieben von längst Verstorbenen, mit fröhlicher Bugwelle durchmessen hat.

Ich stand am Ufer, den Drilling in den Händen, und paßte auf Enten, deren seidiger Flug den perlmuttfarbenen Himmel durchschnitt. Das Lärmen der Frösche schwoll auf zu wogenden Akkorden, der Ruf der Drossel verstummte, und eingebettet in die Nacht lag das Ufer, Grenze vor abgründiger Tiefe, verloren zwischen verdämmerndem Land und leise erlöschender Ferne, aus der von fremden Ufern her der dumpfe Ruf der Dommel schauerte. Bis der Mond über den nachtschwarzen Kiefern stand und sein fahles Licht auf das Ufer fiel, an das leise die Wellen liefen.

Einmal, in einer seltenen Stunde, teilte sich das Wasser, und aus der Tiefe stieg, mondsilberne Tropfen versprühend, ein Fischotter. Nichts verlockte mich, ihn zu erlegen; der rauhe Hagel würde mir ein Märchen zerschlagen, der Anblick des toten Otters mich angeklagt haben. Der Zauber des Ufers wäre mir zerbrochen worden, wäre ich der Versuchung erlegen gewesen, zur Waffe zu greifen.

Ich badete im See, als schwere Gewitterwolken den Himmel verhängten, das Schilf sich bebend am Ufer verbarg und in düsterem Widerschein das Wasser mich umfloß. Mit meinem Hund schwamm ich am Ufer entlang. Über die Tiefe gleitend, erschien uns der See unermeßlich weit. Regen fiel auf das Wasser, es klang dem Rauschen einer Orgel gleich; Tropfen um Tropfen zersprang vor uns in silbernen Tönen, und der See erbebte unter der Gewalt dieses Liedes.

Eine rauhe Nacht hatte einen Eisgürtel vor das Ufer gelegt, nur die Mitte des Sees hatte der Sturm offen gehalten. Es war Tag geworden, und die Sonne ließ das Land in silbernem Weiß, in sattem Grün und blaugoldenem Glanz leuchten. Als weiß wie der Schnee ein Schwan unter dem blauen Himmel das Ufer kreuzte und meine Blicke ihm folgten, blieben sie draußen am Eisrand an zwei Seeadlern haften und an drei dunklen Kobolden, in denen ich unschwer Fischotter erkannte, denen die Adler die Beute, Plötzen und Brassen, streitig machten.

Grotesk wirkte der Tanz der Adler auf dem spiegelblanken Eis. Mit plumpen Sprüngen, die mächtigen Schwingen schlagend, bedrängten sie die Fischotter, sobald sie mit ihrer Beute auf das Eis stiegen. Pfeifend und fauchend erwehrten sich die behenden Wassermarder der Angriffe der Adler; wütend zerrten sie an den Fischen und suchten die Beute zu verschlingen, bevor sie ihnen geraubt wurde. Keinem der Adler gelang es, ihnen auch nur einen Fisch abzujagen.

Fast eine halbe Stunde schaute ich der Begegnung der beiden so unterschiedlichen Geschöpfe an der Grenze ihrer einander so fremden Lebensräume zu, gewiß, daß mir nie wieder ein ähnlicher Anblick vergönnt sein würde. Und wieder dachte ich keinen Augenblick an meine sonst nach blutvollem Leben trachtende Waffe.

Ein anderes Bild, ein anderes Ufer: Klein war es, denn es umfaßte nur einen Teich, nicht größer als einen Steinwurf breit. Vom Hochsitz aus überschaute ich es ringsum, den flachen Wiesenrand, ein Stückchen Weidengebüsch und einen schmalen Schilfgürtel, in dem am Abend die Frösche quakten.

Ein stiller Sommerabend neigte sich seinem Ende zu, als zwei Schnepfen am jenseitigen Ufer einfielen. Eine begann sogleich am Wiesenrand zu wurmen, die andere zog es vor, im flachen Wasser ein Bad zu nehmen; mit den Flügeln schlagend, tauchte sie mit sichtlichem Behagen in das nasse Element ein, ein Anblick, wie er mir noch nie vergönnt gewesen war.

Doch was dann geschah, war so erheiternd, daß ich mich des Lachens nicht erwehren konnte. Ein Bisam rann vom Schilf aus quer durch den Teich mit der offensichtlichen Absicht, den am Wiesenrand badenden Gast näher zu betrachten. Fühlte der Bisam sich in seinem Reich durch die Schnepfe gestört? Die Zielstrebigkeit, mit der er auf sie zuschwamm, ließ keinen anderen Schluß zu. Und schon hatte er sie erreicht, fiel voller Übermut – oder gar wütend? – gegen sie aus und erschreckte sie so sehr, daß sie Mühe hatte, dem jähen Anprall mit heftigen Flügelschlägen zu entkommen. Verzichten aber wollte sie dennoch nicht auf ein erfrischendes Bad; zehn Schritt weiter fiel sie wieder ins flache Wasser ein und huderte darin wie ein Huhn im Sand. Das paßte dem Bisam ganz und gar nicht, noch heftiger als zuvor attackierte er die Schnepfe, die es endlich vorzog den Teich zu verlassen. Der Bisam aber rann offensichtlich zufrieden mit dem Ausgang seiner Attacke zum Schilfgürtel zurück.

Was mochte in seinem Hirn vor sich gegangen sein? Hatte er seine Jungen bedroht gefühlt? War es nur ein übermütiges Spiel gewesen? Was immer es auch gewesen war – das Ufer hatte sich mir einmal mehr in seiner vielfältigen Faszination gezeigt.

Wieder saß ich am Ufer und lauschte den wispernden Stimmen der Einsamkeit. Die Sonne brütete auf dem Moor, die Luft über dem Wasser waberte in der Hitze. Eine Ringelnatter glitt neben mir aus dem Riedgras in den See. Ihr Leib glänzte metallisch grün und wand sich in spielerischer Anmut durch das Wasser, aus dem einzig ihr Kopf ragte, ein züngelndes Dreieck mit winzigen Augen und schwefelgelben Bändern, die sie wie eine flammende Krone schmückten. Eine kleine Bugwelle stand vor ihr in der eiligen Fahrt, in der sie, den schönen Körper mäandrisch ringelnd, dem Ufer folgte. Nicht anders als mir damals beim Bad im Gewitter wird ihr der See in seiner silbernen Unendlichkeit erschienen sein.

Dort, unter der alten Weide am Wasser, wohin sie eilte, lebte seit vielen Jahren ein seltsam unförmiges Tier, von dessen noch immer lebendiger Gegenwart nur wenige im Dorf noch etwas wußten. Vor Jahren wußten die Alten noch in den Spinnstuben zu erzählen, daß hier einst ein Fischer ein häßliches Geschöpf gefangen hatte, größer als der Handteller eines ausgewachsenen Mannes, mit einem Schild auf dem Rücken aus schwarzgrünem Horn, einem hölzernen Kopf auf fingerdünnem Hals und mit klobigen Füßen, die es unter dem panzerartigen Schild zu verbergen vermochte. Damals hatte der Fischer dieses teuflische Tier mit einem bösen Fluch und sich dreimal bekreuzigend dem See zurückgegeben. Wer konnte auch wissen, was es Böses mit ihm auf sich hatte! Mehrmals war ich nahe der Weide der Sumpfschildkröte begegnet, ein jedes Mal früh am Morgen, wenn die Nacht im Schatten der Wälder versinkt und der helle Tag anbricht.

An diesem Tag stieß die Ringelnatter unter der Weide in der wabernden Stunde Pans auf die heimliche Schildkröte. Züngelnd, den schönen Kopf hoch aus dem Wasser hebend, verhielt sie vor der breit und klobig auf dem Wasser liegenden Schildkröte; der Mäandertanz ihres Körpers ließ sie in einem seltsam gezügelten Rhythmus nahezu auf der Stelle verharren. Winzige Augen musterten sich voller Mißtrauen, dann wandte sich die Ringelnatter jäh dem Ufer zu, eine kurze Spanne noch von der ihr nachprellenden Schildkröte verfolgt. Und wieder war ich Zeuge einer wundersamen Begegnung zweier dem Märchenland entstiegener Geschöpfe geworden.

Sechs Jahrzehnte sind inzwischen vergangen. Fern liegt das Ufer, an dem mir die Schildkröte begegnete. Fast 100 Jahre vermag sie alt zu werden; vielleicht lebt sie dort noch immer von Geheimnissen umgeben im Verborgenen. Mit 15 Jahren legte sie zum ersten Mal ihre Eier am Ufer ab, bedeckte sie behutsam mit Erde und ließ die Sonne das ihre tun. Fast ein volles Jahr, bis zum nächsten Vorfrühling, dauerte es, bis aus den acht Eiern winzige, lederweiche Panzertierchen schlüpften, deren nach oben gekrümmte Schwänze ihnen ein groteskes Aussehen verliehen. Gewiß wird die Ringelnatter das eine oder andere Junge gefressen haben, solange der Panzer der Kleinen noch weich war.

Unter Wasserpflanzen verborgen, lauert die Schildkröte auf Beute, auf Schnecken, Würmer, Larven und Fische, die sie jäh überfällt, mit den Vorderfüßen packt und Stück um Stück zerreißt, bis nur das Gerippe noch übrigbleibt. Einzig die Schwimmblasen der von ihr erbeuteten Fische verraten, gelegentlich an der Oberfläche sumpfiger Gewässer treibend, ihre Anwesenheit. Ausgewachsen, wird ihr nur der Mensch zum Feind. In strengen Wintern fast hart gefroren, erwacht sie dennoch im Frühjahr wieder zum Leben.

Als Grenze zwischen enger Gebundenheit und lockender Ferne erschien mir das Ufer, bis mich die Schildkröte dessen dritte Dimension erkennen ließ: die Tiefe, aus der das Leben an das Land stieg, lange bevor der Mensch war. Einzeller lebten in dieser Tiefe, dann Quallen und Krebse. Geflügelte Echsen und gepanzerte Drachen eroberten das Land; seit Jahrmillionen liegen ihre Skelette tief unter Kreide begraben. Die Schildkröte aber, noch Zeitgefährte der Drachen und Echsen, der Muscheln und Ammonshörner, blieb Zeuge urgeschichtlichen Lebens bis in unsere Gegenwart.

Wir Menschen zerschlugen die Zeit in Vergangenheit und Zukunft und hocken beklommen auf dem ewig wandernden Grat der Gegenwart. Der Schildkröte ist es gegeben, in ungeteilter Zeit zu leben. Wir zogen zwischen Land und Wasser eine Grenze und nennen sie das Ufer; ihr blieben Land und Wasser als der ungeteilte Raum eines unbegrenzten Lebens.

Ich stand am Ufer, an der Grenze zwischen lockender Ferne und erschauernder Tiefe. Bis ich mir ihres fruchtbaren Schoßes, dem alles Leben entsprang, bewußt geworden war und nichts mehr mir gegensätzlich erschien, so vielfältig es sich mir auch immer dargestellt hatte. Über allen Ufern aber wölbt sich, Licht, Farbe und Wärme spendend, der Himmel, des Lebens grenzenloser Spiegel.

Rinnendes Wild

Gewiß wird nicht jedermann wissen, was er sich unter „rinnendem Wild" vorzustellen hat. Die Jäger haben ihre eigene, althergebrachte Sprache; „rinnen" bedeutet ihnen „schwimmen".

Ich wüßte kein Tier zu nennen, das nicht zu schwimmen vermag. Selbst Pferde, die uns doch wenig dafür geeignet erscheinen, vermögen es mit erstaunlicher Ausdauer. Zu den eindrucksvollsten Erinnerungen aus meiner Jugend zählt es, Pferde am Abend nach der Erntearbeit „in die Schwemme" zu reiten. Eine Hand in der Mähne der Pferde, die andere am Zügel, schwamm ich mit ihnen Seite an Seite oft weit auf den See hinaus – für die Pferde ein ebenso erfrischendes Vergnügen wie für mich.

In meiner seenreichen Heimat Mecklenburg mit ihren starken Wildbeständen war der Anblick rinnenden Wildes keine Seltenheit.

Da gab es im Forstamt Mirow die Förstereien Holm und Diemitz. Von Seen umgeben, besaßen sie ausgeprägten Inselcharakter, der uns das Wild besonders vertraut machte; wir kannten jeden Dam- und Rothirsch. Um so mehr fiel es uns auf, wenn hier in der Brunft Hirsche auftauchten, die wir bisher nicht gesehen hatten. Zweifellos waren sie, ihrem Fortpflanzungstrieb folgend, von benachbarten Revieren her durchs Wasser geronnen, um das brunftige Kahlwild aufzusuchen. Zwischen den Revieren Peetsch und Diemitz sah ich einen Damhirsch den fast dreihundert Meter breiten Rätzsee durchrinnen. Ein anderes Mal war es ein Rothirsch, der im Mössensee kein Hindernis sah, das Revier Holm aufzusuchen.

Als gesichert gelten Beobachtungen, nach denen sich vereinzelt Rehwild vom Festland her auf den der Nord- und Ostseeküste vorgelagerten Inseln einstellte.

Vom Schwarzwild ist bekannt, daß es häufiger noch als anderes Schalenwild Seen durchrinnt und dabei weite Strecken zurücklegt. Auf der Ostsee wurden vereinzelt Sauen beobachtet, die in Richtung Schweden schwammen, doch ob sie dort ankamen, konnte meines Wissens noch nie mit Sicherheit festgestellt werden.

Von einer sieben Überläufer zählenden Rotte Sauen weiß ich, daß sie im zeitigen Frühjahr bei starkem Wellengang die 132 Quadratkilometer große Müritz durchquerte, wenn auch wohl nicht an ihrer breitesten Stelle. Was die Rotte dazu veranlaßt hatte, weiß ich nicht; vielleicht war sie auf einer der schmalen Landzungen von Menschen oder Hunden aufgeschreckt worden und hatte in Panik das Wasser angenommen.

Auf einer Entenjagd wurde auf dem im Mecklenburg-Strelitz gelegenen, eineinhalb Kilometer breiten Käbelicksee am Ostufer im Schilfgürtel ein stärkerer Keiler von Hunden gestellt. Ein Gast bleite ihn an – und der Keiler rann auf den See hinaus. Um ihn von seinem Leiden zu erlösen, stellten wir ihm im Kahn nach.

In der Mitte des Sees hatten wir ihn zwar eingeholt, doch wollten wir ihm hier keinen Fangschuß antragen; wir befürchteten, daß er im tiefen See absaufen würde und uns damit verloren wäre. Was nun folgte, war zwar erregend, gewiß aber nicht sehr weidgerecht: Zwei unserer starken Vorstehhunde sprangen über Bord und griffen den Keiler im Wasser an. Sich zur Wehr setzend, machte dieser bald keinen Unterschied mehr zwischen den Hunden und dem leichten Kahn, in dem wir uns mit drei Schützen befanden. Nur mühsam konnten wir ihn mit den Riemen abwehren, und viel fehlte nicht, daß auch wir baden gingen. Erst als wir die Hunde wieder in den Kahn befördert hatten, gelang es uns, den Keiler ans Westufer des Käbelicks zu drängen, wo ihn endlich im flachen Wasser die erlösende Kugel erreichte.

Unweit des Käbelicksees liegt der Krumme See; nur wenig über hundert Meter breit, erstreckt er sich zwischen Feld und Wald über eine Länge von eineinhalb Kilometern. Im November bejagten wir hier die Feldmark im Rahmen eines kombinierten Kessel- und Vorstehtreibens auf Hasen. Mit viel zu weitem Abstand voneinander stand ich mit einigen Schützen am Ufer des Sees. Böiger Wind ließ unsere Lodenmäntel flattern. Das Treiben bewegte sich auf uns zu. Die Hasen erkannten bereits von weitem die Situation und wußten sie geschickt zu nutzen. Hinter sich die lärmenden Treiber, fanden sie die Lücken in unserer Schützenkette, und ein Hase nach dem anderen – insgesamt waren es drei – setzte, ohne zu zögern, ins Wasser. Tapfer kämpften sie sich durch die starken Wellen ans jenseitige Ufer, wo sie unseren Blicken in einer engen Kieferndickung entschwanden. Nie wieder habe ich Hasen einen See durchrinnen sehen.

Ende der dreißiger Jahre stießen wir während einer Entenjagd im Forstamt Mirow mit dem Boot auf ein Eichhörnchen, das etwa achtzig Meter vom Ufer entfernt auf einem Stangengerüst saß, das dem Trocknen von Fischnetzen diente. Offensichtlich erschöpft, hatte es wohl nicht mehr den Mut, sich nochmals dem nassen Element anzuvertrauen, um ans rettende Ufer zu gelangen. Was aber konnte das Eichhörnchen bewogen haben, das Stangengerüst inmitten des Sees aufzusuchen? Es gab für uns nur eine Erklärung: In den das jenseitige Ufer überragenden Bäumen war es nachts von einem Marder verfolgt worden. Der rettende Sprung in die Tiefe hat es ins Wasser fallen lassen, wo es dann in panischer Angst über mehr als hundert Meter schwimmend das Gerüst erreicht hatte. Natürlich nahmen wir es in unser Boot auf, um es am Ufer wieder auszusetzen. Kurz vor dem Ufer sprang es ins Schilf, fiel dabei ins Wasser und erreichte dann doch das Land. Als wir davonruderten, saß es naß und verstört auf einem Koppelpfahl und ließ sich von der Sonne den Balg trocknen.

Von Katzen behauptet man, daß sie freiwillig nie ins Wasser gehen. Und doch hatten wir in meinem Elternhaus einen ungewöhnlich starken Kater, der sich nicht scheute, von unserem Garten aus zu einer zehn Meter entfernt im Wasser stehenden Fischerhütte zu schwimmen. Rings um die Hütte lief ein schmaler Holzsteg, auf dem gelegentlich tote, für den Verkauf nicht mehr geeignete Fische lagen – für unseren Kater eine so köstliche Delikatesse, daß er nicht davor zurückschreckte, ins Wasser zu gehen.

Daß Wasserratten, richtiger als „Schermäuse" bezeichnet, vorzügliche Schwimmer sind, ist allgemein bekannt, und es mag unangebracht erscheinen, sie hier zu erwähnen. Dennoch möchte ich eine ungewöhnliche Begegnung mit einer Wasserratte an den von mir bewirtschafteten Teichen nicht unerwähnt lassen. Mein Teckel hatte ihren Bau am Ufer aufgestöbert und sie so in Bedrängnis gebracht, daß sie ins Wasser flüchtete, um sich auf einer etwa vierzig Meter entfernten Insel in Sicherheit zu bringen – für sie gewiß eine oft zurückgelegte Strecke. Merkwürdig aber war, daß sie mehrmals – ich möchte sagen, „einen Rückwärtsgang einlegte": in ihrer schnellen Fahrt jäh unterbrochen, zog es sie nach hinten in die Tiefe, aus der sie jedoch alsbald hastig wieder auftauchte, ein jedes Mal schneller spurtend. Zuerst konnte ich mir keinen Vers darauf machen, bis mir klar wurde, daß sie von einer Forelle angegriffen wurde, die sich in der Größe ihrer Beute – Wasserratten werden einschließlich ihres Schwanzes über 25 cm lang – offenbar verschätzt hatte. Wenn ich Wasserratten auch nicht zur wertvollsten Bereicherung meiner Teiche zählte, freute ich mich doch, daß sich das von der Forelle attackierte Exemplar am Ende auf die Insel retten konnte.

Was auch immer Tiere vorübergehend ins Wasser treibt, ob Panik, Hunger, Wander- oder Fortpflanzungstrieb – die Natur hat sie befähigt, sich auch in dem ihnen sonst fremden Element mit zumeist erstaunlicher Sicherheit zu bewegen.

Der Eisvogel,
ein „fliegender Edelstein"

Ein heller, durchdringender Pfiff am Teichufer läßt uns aufhorchen. Eine im Sonnenlicht schnell über das Wasser schießende, smaragdgrün, meerblau und rostrot aufblitzende Stichflamme, die ebenso schnell wieder erlischt, zieht unsere Blicke auf sich: Ein Eisvogel! Doch längst ist der „fliegende Edelstein", der „Kolibri des Abendlandes", der farbenprächtigste Vogel unserer Heimat, verschwunden und nirgends mehr zu sehen: Scheu, schnell und ungesellig hat er sich unseren Blicken entzogen. Der Anblick aber bleibt beglückend, so kurz er auch war.

„Ijsvogel" nennen ihn die Holländer, „Martin-pêcheur" die Franzosen, „Kingfisher" die Engländer und „Kungsfiskare" die Schweden. Mancherlei Deutungen sind an seinem Namen geknüpft worden. Mit Eis oder Eisen aber dürfte sein deutscher Name nichts zu tun haben. „Isan-Vogel" nannten ihn unsere Vorderen und bezeichneten ihn damit schlicht als „Wasservogel".

Sein metallisch funkelndes Gefieder, sein langer dolchförmiger Schnabel, sein nervös zuckender Kopf und Schwanz, sein Tauchvermögen und seine Heimlichkeit ließen den starengroßen Kobold bereits in alter Zeit als ein zauberhaftes Wesen erscheinen, um das sich noch heute Mythen und Fabeln ranken.

Hinter seinem wissenschaftlichen Namen *„Alcedo atthis"* verbirgt sich Halkyone (Alcyone), nach der griechischen Mythologie die Gemahlin des Keyx. Beide Gatten nannten einander in frevelhafter Vermessenheit „Zeus" und „Hera", bis Zeus selbst, der Gottvater, sie zur Strafe in Vögel verwandelte: Keyx in den Haubentaucher, Halkyone in den Eisvogel. Nach anderer Sage kam Keyx bei einem Schiffbruch ums Leben, und Halkyone stürzte sich aus Schmerz ins Meer. Dort leben beide als Eisvögel fort und lieben einander immer noch.

Während der Brutzeit der Eisvögel, von der man in alter Zeit glaubte, sie falle in den November, ließ Zeus alle Winde ruhen. Noch heute spricht man von den „Halkyonischen Tagen" *(alcedonia)* als einer Zeit glückseliger Stille.

Den Seefahrern diente ein toter Eisvogel einst als Kompaß und

Glücksbringer, der es vermochte, das Meer zu beruhigen, das Schiff in stillere Gewässer zu führen und den Blitz abzulenken. Als winterlicher Vogel war er Sankt Martin, dem heiligen Totengräber, geweiht. Shakespeare läßt den Eisvogel Blumen auf unbegrabene Leichen streuen. „Martinsfischer" nennen ihn noch heute die Franzosen, Spanier und Italiener.

Einer anderen Sage nach baut der Eisvogel sein Nest auf dem Wasser aus einem Gerüst von Fischgräten und versieht es mit einer Tür, die nur er zu öffnen vermag. Das Weibchen ist dem Männchen in treuer Liebe verbunden, trägt es, wenn es altersschwach geworden ist, auf seinem Rücken und füttert es bis zum Tode. Stirbt das Männchen, endet unter klagendem Gesang auch das Leben des Weibchens.

Es ist reizvoll, um diese Sagen und Märchen zu wissen. Sie zeigen uns, wie bemerkenswert und wundersam der Eisvogel, der funkelnde Edelstein unter den Vögeln unserer Heimat, seit eh und je den Menschen erschien.

Leider zählt auch der Eisvogel zu den Vögeln, die durch die Veränderung der Umwelt in ihrer Existenz bedroht sind. Bachbegradigungen, Kanalbauten und Abwässer, die ihm die Nahrungsgrundlage rauben, schränken seinen Lebensraum von Jahr zu Jahr mehr ein. Kälteeinbrüche in mehreren Jahren, die nur wenige Wasserstellen eisfrei ließen, führten zu erheblichen Verlusten, von denen er sich nur sehr langsam zu erholen vermochte.

Nicht alle Teichwirte sind bereit, seinen ideellen Wert für die Erhaltung einer artenreichen Tierwelt in unserer Heimat gegen die Schäden aufzurechnen, die er ihnen als Fischräuber zufügt. Ungesellig und unduldsam seinen Artgenossen gegenüber, beherrscht ein Eisvogelpärchen ein weites Brutgebiet und kann allein schon deshalb nicht als existenzgefährdend für die Teichwirtschaft betrachtet werden.

Für die Anlage ihrer Niströhren benötigen die Eisvögel steile, kahle Uferwände oder in Teich- und Bachnähe befindliche steilwandige Sandgruben. Männchen und Weibchen wechseln sich beim Bau ab. Die Röhre ist bis einen Meter tief, und an ihrem Ende befindet sich die runde, etwa zehn Zentimeter breite und ebenso hohe Bruthöhle.

Der Gang wird mit dem starken Schnabel gegraben, die gelockerte Erde mit den verkümmerten, zum Laufen kaum noch geeigneten Füßen hinausbefördert. Je nach Härte des Erdreichs dauert der Nestbau einige Tage bis zu mehreren Wochen.

Da die Jungen in der Brutkammer auf den ausgespienen Gewöllen sitzen und sich in den Nahrungsresten sehr bald Ungeziefer sammelt, werden die Nesthöhlen zumeist nur einmal benutzt. In vielen Gegenden – und das gilt, wie langjährige Beobachtungen bestätigen, auch für unsere engere Heimat, die Südheide – brütet der Eisvogel zweimal im Jahr. Dabei lösen sich Männchen und Weibchen beim Brutgeschäft ab.

Das Gelege enthält sechs bis acht glänzend weiße, etwas kugelförmige Eier, aus denen die Jungen nach 21 Tagen schlüpfen. Gefüttert werden sie anfangs mit Libellen und Insektenlarven, später mit Fischen bis zu einer Länge von sechs Zentimetern, die sie mit dem Kopf voran verschlingen. Bereits nach drei Wochen verlassen sie die Bruthöhle. Ausgewachsen und geschlechtsreif suchen sie sich, von den unduldsamen Eltern vertrieben, ein eigenes Brutrevier.

Um den farbenprächtigen Eisvogel in seinem Bestand zu erhalten – über ganz Deutschland verbreitet, ist er doch nirgends häufig und vielerorts bereits selten geworden –, reicht der ihm gesetzlich zugebilligte Schutz nicht aus. Wo immer er in seinem Bestand bedroht ist, sollten wir den ihm eigenen Biotop zu verbessern suchen. Hierzu gehört – neben der Regeneration verseuchter Gewässer – die Anpflanzung von Weiden, Erlen, Schilf u. ä. an den Teich- und Bachufern. Mit der Anlage steilwandiger Böschungen, und sei es auch nur in Gestalt kleinerer Sandgruben in Ufernähe, können wir ihm ideale Brutplätze bieten.

In harten Wintern, die nur noch fließende Gewässer offen lassen, ist es ohne großen Aufwand möglich, ihm bei Nahrungsmangel zusätzliches Futter in Form lebender Kleinfische anzubieten. Zu diesem Zweck hängt man ein oben offenes Netz ins Wasser und beschickt es mit minder wertvollen Goldorfen und Elritzen, die über die Teichwirtschaften unserer Heimat zu beziehen sind.

Der Eisvogel wird uns die Hilfe, die wir ihm angedeihen lassen, mit dem Anblick seines einmalig farbenprächtigen Gefieders zu danken wissen. Allein an uns liegt es, diesen Märchenvogel, der dem Feenland Avalon, der Insel der Seligen im Weltmeer des Nordens entflogen sein könnte, unserer Heimat zu erhalten.

Podiceps cristatus,
der Haubentaucher

Frage ich heute einen Jäger, was ein Grebenfell ist, stoße ich allseits auf Unkenntnis. Niemand vermag mir mehr zu sagen, daß man darunter das Federpelzwerk der verschiedenen Steißfüße, insbesondere des Haubentauchers, versteht. Man muß wohl, wie ich, bald acht Jahrzehnte auf dem Buckel haben, um sich noch an die aus dem Federkleid des Haubentauchers hergestellten Muffe, Barette und Schulterkragen zu erinnern, mit denen sich um die Jahrhundertwende die Damen schmückten. Wer seinerzeit als Jäger seiner Liebsten eine besondere Aufmerksamkeit erweisen wollte, schoß für sie einen farbenprächtigen Haubentaucher und ließ ihn zum begehrten Attribut der damaligen Mode verarbeiten. Besonders geschätzt waren die weißen, mit blaugrauer oder auch rotbrauner Einfassung versehenen Grebenfelle, wie sie am besten von italienischen, schweizerischen und holländischen Kürschnern hergestellt wurden. Noch immer ist mir ein vergilbtes Foto in Erinnerung, das meine Mutter als junge Frau voller Stolz im Besitz eines entsprechenden Muffes zeigte, den mein Vater ihr anläßlich ihrer Verlobung geschenkt hatte.

Die Wissenschaftler nennen den Haubentaucher (*Podiceps cristatus*), das ist in deutscher Sprache „der mit dem Helmbusch verzierte Steißfuß". Die Bezeichnung „Steißfuß" weist auf die merkwürdig weit nach hinten versetzten Füße des Haubentauchers hin, die ihm große Gewandtheit bei der Unterwasserjagd auf Beutetiere verleihen. Die Vorderzehen der Füße sind mit breiten Lappen versehen – dem Merkmal der Familie der Lappentaucher, zu denen auch der Haubentaucher zählt. Sein Tauchvermögen ist groß; in einer halben Minute kann er mehr als fünfzig Meter unter Wasser zurücklegen und fast eine Minute unter Wasser bleiben, ohne Atem schöpfen zu müssen.

Von der Natur ausschließlich für ein Leben auf dem Wasser ausgerüstet, begeben sich Haubentaucher nie aufs Land, und auch im Flug wirken sie mit ihren kurzen Flügeln recht schwerfällig.

Der Helmbusch, ein aus fast sechs Zentimeter langen schwarzen Federn bestehender Kopfschmuck, und der gleichfalls in der

Balzerregung spreizbare rostrote Kragen sind beiden Geschlechtern eigen, wenngleich beim Männchen stärker ausgebildet als beim Weibchen. Beider Oberkörper ist glänzend schwarzbraun; Wangen, Kehle und Unterleib schimmern atlasweiß; das Auge ist von karminroter, der spitze Schnabel von blaßroter Farbe.

Als nachts wandernder Zugvogel erscheint der Haubentaucher bei uns Ende März, spätestens Anfang April. Bereits im Mai beginnt die Brutzeit. Männchen und Weibchen bebrüten abwechselnd das aus drei oder vier Eiern bestehende Gelege. Das Nest ist aus nassen Pflanzenteilen gebaut und schwimmt, zumeist im Schutz von Schilfgürteln, auf dem Wasser.

Noch im Dunenkleid verlassen die Jungen das Nest und folgen den sie fürsorglich betreuenden Eltern, wobei sie sich anfangs im Gefieder der Mutter verbergen oder beide Eltern als schwimmende Unterlage benutzen. Droht ihnen Gefahr, drückt die Mutter die Kleinen unter Wasser. Geatzt werden sie von beiden Eltern, anfangs mit vielerlei Insekten, bald aber mit kleinen Fischen, die am Kopf gepackt und ganz verschluckt werden.

Besonders im Hochzeitskleid beleben die Haubentaucher unsere Seen und Teiche durch ihren wunderschönen Anblick. Typisch für diese Landschaft ist ihr kräftiger, sonorer Ruf, der bald wie ein bellendes „Kärr-arr", bald wie ein schrilles „Ör-hu-ick" klingt, und den wir nicht missen möchten, wenn wir draußen den verschiedenen Vogelstimmen lauschen.

Daß der Haubentaucher heute auf der Liste der vom Aussterben bedrohten Tierarten steht, kann man nicht den Jägern anlasten. Wenngleich zum jagdbaren Wild zählend, genießt er doch bereits seit Jahrzehnten ganzjährige Schonung. Es mag sich in diesem Zusammenhang mancher Leser fragen, warum man den Haubentaucher, wie auch manches andere jagdbare Tier, dem Jagdrecht unterstellt und gleichzeitig von der Bejagung ausnimmt. Die Begründung liegt zum einen darin, daß er als Wild der besonderen Obhut der Jäger unterstellt ist und seine Verfolgung als Verstoß gegen das Bundesjagdgesetz besonders streng geahndet wird, zum anderen mit diesem Gesetz die Möglichkeit gegeben ist, die Schonzeit für ihn vorübergehend dort aufzuheben, wo er den Teichwirten übermäßige Schäden zufügt. Es läßt sich nicht bestreiten, daß er in Fischzuchtbetrieben beträchtliche Schäden anrichten kann.

Ihrer eigenen Art gegenüber recht unduldsam, verteidigen Haubentaucherpärchen ihr umfangreiches Brutgebiet sehr energisch. Das führt zwar zu einer verhältnismäßig geringen Bestandesdichte, begrenzt aber die Schäden nur relativ, da sich bereits die jungen Haubentaucher vorwiegend von Fischen ernähren.

Auf unseren in der Südheide gelegenen Teichen kommt der Haubentaucher noch recht häufig vor. Wenn er hier oder dort bereits in seinem Bestand bedroht ist, sind dafür Entwässerungen und Flußregulierungen, Pestizide und ein die Gewässer von Jahr zu Jahr stärker beunruhigender Tourismus verantwortlich zu machen.

Fulica atra, das Bläßhuhn

Die auffallende, blendendweiße Stirnplatte hat diesem schieferschwarzen, knapp entengroßen Wasservogel den Namen gegeben. In ganz Europa, Asien und Nordafrika vertreten, kommt das Bläßhuhn auch bei uns noch sehr häufig vor. Bekannt ist es auch unter den Namen Belche, Lietze, Zappe, Pfaffe, Hurbel und Böllhuhn.

Das Bläßhuhn zählt zum jagdbaren Wild und genießt vom 16. Januar bis 31. August Schonzeit. Sehr begehrt ist ihr Wildbret jedoch nicht, dennoch sollte man es nicht gänzlich verachten: zieht man dem Bläßhuhn vor der Zubereitung die Haut ab, verliert sich der ihm anhaftende Trangeschmack. Als junge, seinerzeit noch ohne jegliches Entgelt beschäftigte Forstanwärter schossen wir in der elenden Zeit Anfang der dreißiger Jahre auf den mecklenburgischen Seen des öfteren Zappen und verkauften sie für drei Groschen an die unter der Arbeitslosigkeit leidenden Bevölkerung. Hunger tut weh, und in der Not frißt der Teufel Fliegen.

Bläßhühner gab es zu Hunderten und Tausenden. Im Herbst taten sich die geselligen Vögel vor den schilfumsäumten Ufern zu riesigen Völkern zusammen. Mit Kähnen drängten wir sie in schmalere Gewässer, bis sie sich, stets den Flug über Land vermeidend, aufnahmen und unseren Flinten entgegenstrichen. Man mußte schon ein gutes Stück vorhalten, um sie bei der von ihnen entwickelten Geschwindigkeit nicht zu verfehlen. Nicht selten erlegten wir bei derartigen Jagden weit über hundert Bläßhühner, was ihrem Besatz jedoch keinerlei Abbruch tat. Bekannt ist die seit Jahrhunderten auf alter Tradition beruhende, von deutschen und schweizerischen Jägern alljährlich auf dem Bodensee betriebene „Belchenschlacht".

Wenn auch umstritten und inzwischen in ihrem Ausmaß eingeschränkt, hat die starke Bejagung der Bläßhühner, ob auf dem Bodensee oder auf den weiten Gewässern im Osten unserer Heimat, dennoch ihren Sinn. So gesellig die Bläßhühner zusammenleben, so zänkisch und unduldsam vertreiben sie die Enten aus ihren Brutrevieren. Als „Wohnraumkonkurrenten" beeinträchtigen sie zweifellos die Lebensräume ausnahmslos aller Entenarten; letztlich wünschen wir uns als Jäger und Naturschützer eine möglichst artenreiche Ornis.

Bläßhühner gelten als „Teilzieher"; viele von ihnen verlassen im Winter ihre nördlichen und östlichen Brutgebiete, um westlich der Linie Südschweden−Bosporus auf eisfreien Gewässern zu überwintern. Auf der Dollbäk, einem knapp zwanzig Meter breiten Wasserlauf im südöstlichen Mecklenburg, sah ich sie als junger Forstmann im Winter im Revier meines Vaters das von ihnen offengehaltene Wasser fast völlig bedecken. Eine bittere Aufgabe erfüllten sie hier, dienten sie doch den träge am Ufer aufgebaumten Seeadlern als willkommene Beute. Der Tod hockte über ihnen, wahllos zuschlagend und Panik unter weitgeklafterten, in der Sonne aufleuchtenden Schwingen verbreitend. Dennoch war es ein faszinierender Anblick, die majestätischen Adler in das aufbrausende Volk der Zappen stoßen und hernach geruhsam kröpfen zu sehen. Die Natur ist erbarmungslos, dennoch dienen ihre Gesetze, wo immer sie noch nicht von den Menschen verfälscht worden sind, der Arterhaltung aller Kreaturen in einem ausgewogenen Gleichgewicht. Ein halbes Jahrhundert angeblichen Fortschritts hat genügt, dieses Gleichgewicht weitgehend zu zerstören.

Das Bläßhuhn aber ist in seinem Bestand noch nicht bedroht; es vermehrt sich ungemein stark. Sein Gelege enthält sechs bis neun Eier, und das bei jährlich zwei Bruten. Das Nest, vorwiegend vom Weibchen gebaut, steht in Ufernähe entweder auf Bülten oder im Schilf auf zusammengetragenen Pflanzenresten. Die Brut beginnt Anfang Mai. Nach drei Wochen schlüpfen die possierlichen, mit einem leuchtendroten Schopf versehenen Jungen. Schon nach wenigen Tagen gehen sie aufs Wasser und werden hier von beiden Eltern gefüttert, nur nachts noch hocken sie in ihrem Nest. Bereits bevor sie selbständig geworden sind, schreitet das Weibchen zur zweiten Brut. In dieser Zeit ist es Aufgabe des Männchens, noch die Jungen aus der ersten Brut mit Nahrung zu versorgen. Mit acht bis neun Wochen werden die Jungen flügge, sechs Wochen später trennen sie sich von den Eltern und bilden eigene Familienverbände.

Die Nahrung besteht vorwiegend aus Wasserpflanzen, doch nehmen die Bläßhühner auch Wasserinsekten, deren Larven sowie Schnecken und Muscheln auf. Als Fischräuber sind sie noch keinem Teichwirt lästig geworden. Um genügend Nahrung zu erbeuten, müssen sie häufig tauchen, halten es aber allenfalls zehn bis fünfzehn Sekunden unter Wasser aus. Zumeist kommen sie nach dem Tauchen wieder an derselben Stelle zum Vorschein – eine Eigenart, die sie vom Haubentaucher und auch von dem bei uns heimischen Grünfüßigen Teichhuhn unterscheidet, die beide unter Wasser recht weite Strecken zurückzulegen vermögen.

So lästig Bläßhühner auch hier oder dort durch die Beeinträchtigung der Entenbiotope werden können, möchten wir auf unseren Seen und Teichen doch nicht ihren die Landschaft belebenden typischen Ruf missen, ein lautes, kurzes „köw" und ein hartes, platzendes „pix-pix".

Der Schwan
in Mythologie und Gegenwart

Wohl kein Vogel hat die alten Völker zu mehr Mythen und Sagen angeregt als der Schwan. Seit eh und je fasziniert die Menschen die schneeweiße Pracht seines Gefieders, seine majestätische Haltung, sein singender Flug über dunkle Wälder und blaue Seen. Den Germanen erschien der Schwan als Sinnbild der über den Wassern schwebenden Lichtgottheiten; er galt ihnen, wie auch den Griechen, als Vogel der Weissagung, und immer noch „schwant uns etwas", wenn Vorahnungen uns überfallen.

Apoll soll vom Schwan die Gabe der Voraussagung empfangen haben, wie man sie noch heute großen Dichtern zuspricht, deren Herkunft wir in der gehobenen Sprache der Poesie mit dem schmückenden Attribut „Schwan" auszeichnen, so Vergil als den „Schwan von Mantua" oder Shakespeare als den „Schwan von Avon". Auch der Begriff „Schwanengesang" für das letzte Lied eines Poeten geht auf die Sage zurück, nach der Schwäne ihren nahen Tod durch klagenden, unsäglich schönen Gesang verkünden.

Richard Wagner nahm sich der bereits im Mittelalter literarisch mehrfach behandelten Sage vom „Schwanenritter" an: Auf einem von einem Schwan gezogenen Kahn kommt aus unbekanntem Land ein Ritter (Lohengrin), errettet eine Fürstentochter (Elsa) von ihrem verhaßten Bewerber und vermählt sich mit ihr. Doch er muß sie wieder verlassen, als sie ihn seinem Verbot zuwider zum dritten Mal nach seiner Herkunft fragt.

In den Mythen der abendländischen Völker nahmen nicht selten Götter Schwanengestalt an. Zeus näherte sich als Schwan der Leda, der Tochter des Thestios von Ätolien, und zeugte mit ihr Helena, die schönste Frau des Altertums. In der germanischen Mythologie werden die Walküren als „Schwanenjungfrauen" bezeichnet. Wenn sie in den heiligen Flüssen und Meeren des Nordens badeten, legten sie zuvor ihr Gewand ab. Wer immer es ihnen nahm, bekam Gewalt über sie. In der Nibelungensage raubte Hagen einem dieser „Meerweiber" das Federkleid und zwang es dadurch, ihm die Zukunft vorauszusagen.

Nicht jedem werden diese Mythen etwas sagen, wer sich jedoch ein Herz für die Gedankenwelt unserer Vorderen bewahrt hat, wird mit mehr Verständnis vor den Werken großer Meister stehen, die sich in Wort, Bild und Plastik von den Gestalten der Mythologie inspirieren ließen und uns damit eine Brücke zur Weltanschauung unserer eigenen Ahnen oder längst vergangener Völker bauten. Ein Beispiel dafür ist Michelangelos weltberühmtes Gemälde „Leda mit dem Schwan".

Die Höckerschwäne, die heutzutage auf städtischen Gewässern in größerer Zahl leben, als für ihren beschränkten, unnatürlichen Biotop tragbar ist, halten in nichts den Vergleich mit den noch wildlebenden Schwänen aus. Der Stolz, das Signum ungebundener Freiheit, ist den domestizierten Schwänen der urbanen

Umwelt verlorengegangen. Wer jemals fernher über die Weite ostdeutscher Seen den an verhallendes Glockengeläut erinnernden Flug ziehender Höckerschwäne oder den sonoren Ruf der Singschwäne vernahm und sie in ihrer weißen Pracht über sonnengleißendes Wasser fliegen sah, wird sich stets dieses Bildes als Ausdruck ihrer einst märchenhaften Freiheit erinnern.

Heute stehen wir vielfach vor der unangenehmen Aufgabe, der uferlosen Vermehrung der Höckerschwäne auf den städtischen Gewässern zu begegnen, um sie vor den üblen Folgen zu bewahren, die jede Überpopulation nach sich zieht. Ihre Verminderung durch Abschuß zu erreichen, wie es gelegentlich empfohlen wird, würde den Unwillen der Bevölkerung erregen; den Gelegen die Eier zu entnehmen, hätte zumeist nur zur Folge, daß die Schwäne erneut zur Brut schreiten und die um so später geschlüpften Jungen den Unbilden des Winters noch nicht gewachsen wären. So bleibt wohl als humanstes Mittel nur die Möglichkeit, die Eier mit einer Nadel anzustechen, sie dadurch unfruchtbar zu machen und weiter vom Schwan, nunmehr erfolglos, bebrüten zu lassen. Niemand wird einer völligen Vertreibung der Höckerschwäne aus dem Weichbild der Städte das Wort reden wollen, natürlicher aber wäre es, hier ihre Population den unnormalen Lebensbedingungen entsprechend einzuschränken und dafür mehr Brutpaaren in freier Wildbahn durch streng behütete Schutzzonen wieder gesicherte Lebensräume zu schaffen. Daß die Gelege der in freier Wildbahn lebenden Höckerschwäne nur 5 bis 9, die der zahmen aber bis 12 graugrüne Eier enthalten, ist ein Phänomen, das sich wohl nur mit dem bequem greifbaren, überreichlichen Futterangebot durch uneinsichtige „Tierfreunde" erklären läßt. Immerhin ist die Natur so weise, eine beträchtliche Anzahl der Eier zahmer oder halbzahmer Höckerschwäne unfruchtbar zu lassen.

Singschwäne, wie auch die ihnen ähnlichen, wenn auch kleineren Zwergschwäne, stellen sich bei uns nur im Winter als Zugvögel ein. Beide unterscheiden sich vom Höckerschwan durch den über dem Schnabelansatz fehlenden schwarzen Höcker. Auch an der Schnabelfärbung kann man die verschiedenen Schwäne gut unterscheiden: Der Schnabel des Höckerschwans ist orangerot; beim Singschwan verläuft die gelbe Farbe des Schnabels von der Schnabelwurzel nach vorn in einen Keil aus, die Schnabelspitze selbst ist schwarz; beim Zwergschwan ist die hintere Hälfte des

Schnabels gelb, die vordere jedoch in fast senkrechter Trennung vom gelben Bereich schwarz.

Der Höckerschwan – nur er brütet in Deutschland – schreitet im dritten Lebensjahr zur Brut. Die Brutpaare bleiben einander das ganze Leben hindurch treu. Die Jungen sind einfarbig grau; erst nach der Mauser tragen sie das schneeweiße Kleid der Eltern.

Nur der Höckerschwan zählt in der Bundesrepublik Deutschland zum jagdbaren Wild. Abgesehen von landesrechtlichen Einschränkungen in einzelnen Bundesländern kann er in der Zeit vom 1. September bis 15. Januar bejagt werden. So erforderlich auch hier oder dort eine Bejagung der Höckerschwäne wäre, scheuen sich doch die meisten Jäger, dieses herrliche Wild zu erlegen. Sie widerlegen damit die Behauptung jagdfeindlicher Naturschützer, daß Lust am Töten ausschließliches Motiv des Jagens sei.

Graugänse

Im Norden meines mecklenburgischen Reviers lag das Große Moor. Krüppelkiefern standen an seinem Rand, die zur Mitte des Moores hin kleiner wurden und dort aufhörten, wo nur noch Zwergbirken und kniehohe Heide wucherten. In den Niederungen lag blaßfarben ein Teppich prallen Sphagnums über tückischen Tiefen, über denen der schwankende Boden unter den Füßen zu zerreißen drohte.

Ein schmaler Wechsel führte mich an den Schwarzen See, dessen schwimmendes Ufer unter meinen Füßen schwankte. Der Abend dämmerte; es wurde Zeit, auf Gänse zu passen, die hier im November von den umliegenden Weiden und Wintersaaten anfliegend auf dem See einfielen. Silberne Wellen liefen vom Ufer aus und verloren sich auf dem abendhellen Wasser.

Ein Kahn lag zur Hälfte versunken am Ufer. Ich setzte mich auf seinen brüchigen Rand und blickte lange Zeit in den in weichen Farben verdämmernden Abend. Ein vergilbtes Birkenblatt trieb, einem goldenen Nachen gleich, am Ufer entlang.

Seinen letzten Tag schenkte mir der Herbst; morgen schon würde es Winter sein.

Wie ein düsterer Trauerflor lag das schwarze Volk der Wasserhühner vor dem verblassenden Schilf. Der klagende Ruf eines Tieres lief qualvoll ersterbend über das Moor. Der Tod ging über das Land; schwer schleppte sein dunkler Mantel über die Erde und erstickte sanft letzte Blüten und Blätter.

Atemberaubend überfiel mich die unheimliche Macht des Moores. Die Moorhexe ging um. So viele hatte sie schon in ihren Bann gezogen; vor einem halben Jahrhundert einen Förster, der des Nachts im Moor den Weg verloren hatte und erst nach Tagen, dem Irrsinn verfallen, ins Dorf zurückgekehrt war; dann den dreijährigen Sohn des Krohnsbauern, der seinem Vater in die Mahd nachgelaufen war, und dessen Gebeine man erst zwei Jahre später beim Reetmähen gefunden hatte.

Als wüßte er um meine dummen Gedanken, legte mein Hund seinen schlanken Kopf in meine Hände und blickte voller Hingabe zu mir auf. Voll und tönend war wieder die Stille; ein warmes Hundeherz schlug neben mir und bannte jeden Spuk.

Das feine Geäst der Birken brannte in der silbernen Glut des Mondes, der rund und schön über uns am sternenübersäten Himmel stand. Sirrend pfeilte ein Schof Krickenten über den See; nur das Wehen der Flügel verriet uns ihren Flug.

Dann hörte ich fern über dem Moor die Gänse. Lauter schwoll ihr Lärmen an und rauschte an unserem Stand vorüber, Wasser platschte. Eine Zeitlang war es still, dann schnatterte es satt und arglos auf dem See.

Als zum zweiten Mal Gänse tief über die Birken strichen und helle Schatten vor mir aufwuchsen, zerrissen meine Schüsse die friedliche Nacht. Schwer ruderten und rauschten über uns die Flügel, dumpf schlug es neben mir auf. Auf dem See lärmten abstreichende Enten; ihre Schofe kreisten über uns. Dann wurde es wieder still wie zuvor . . .

Mein Hund suchte eifrig in den Birken. Lange Zeit huschte er aufgeregt über den dunklen Moorboden, dann hörte ich ihn knurren und zergeln. Ich ging zu ihm und nahm ihm die verendete Gans ab.

Als hinter dem Moor die Kirchenuhr achtmal schlug, gingen wir geruhsam heim. Warm und schützend stand das Moor um uns, dunklem Samt gleich lag die Erde unter den mondhellen Birken. Morgens früh würden wir das im Rauhreif glitzernde Ufer des

Moorsees absuchen; mehr als einer Gans mochte der grobe Hagel meines Drillings das dunkle Tor geöffnet haben.

Nur ein halbes Dutzend Graugänse schoß ich vor dem letzten Krieg in meiner mecklenburgischen Heimat, doch stets war die Jagd auf sie von besonderem, allein schon von der Tageszeit und von der eindrucksvollen Landschaft geprägtem Reiz. Während die Enten am Abend von den Seen zu den Feldern strichen, kehrten zur gleichen Zeit die Gänse von ihren Äsungsflächen auf dem Land zum Wasser zurück. In der Morgendämmerung vollzog sich der Strich der Enten und Gänse in entgegengesetzter Richtung. Schon von weitem alarmierten die anfliegenden Gänse mit hellem „Gagagag" das Jägerherz, bis ihre Silhouetten morgens in silbernen Nebelschwaden oder abends im diffusen Licht der Dämmerung an verschilften Ufern über mir auftauchten, die Schüsse Nebel und Dämmerung zerrissen und die eine oder andere Gans, sechs oder gar sieben Pfund schwer, ins Wasser klatschte und mein Hund begierig der Beute nachsetzte. Hatte ich Pech, brachte er mir eine zwanzig oder dreißig Jahre alte Gans, die keine noch so lange Zeit des Garens mehr genießbar machen konnte.

„Die Gans ist so dumm, daß sie den Kopf einzieht, wenn sie durch ein Scheunentor geht", heißt es im Volksmund. „Du dumme Gans" ist ein allseits beliebtes Schimpfwort. Unausrottbar scheint das Märchen von der Dummheit der Gänse zu sein. Dabei weiß die Wissenschaft seit langem, daß die Gans zu den intelligentesten Vögeln zählt. Wer sie kennt, weiß, wie wachsam und vorsichtig sie ist, mit welcher Sicherheit sie auf den Feldern den Jäger vom harmlosen Bauern zu unterscheiden vermag, und mit welcher Umsicht sie im Gelände Wachen zum Schutz ihrer nahrungssuchenden Sippe aufstellt.

In der griechischen Mythologie galt die Gans als heiliger Vogel der Persephone, der Tochter des Zeus und der Demeter.

Bei den Römern war sie der Juno heilig, in deren Tempel auf dem Kapitol sie ihr zu Ehren Gänse hielten, deren Geschrei bekanntlich die Besatzung des Kapitols weckte und damit die Burg rettete, als die Gallier unter Brennus die Veste im Handstreich zu nehmen suchten.

Den Chinesen gilt noch heute die Gans als Sinnbild ehelicher Treue.

In der Tat leben Gänse in freier Wildbahn in unverbrüchlicher Ehegemeinschaft, die erst durch den Tod eines der Partner aufgelöst wird. So mag denn auch BREHMS Beobachtung zutreffen, daß eine verwitwete Gans noch lange Zeit nach dem verlorenen Partner ruft und nur selten eine neue Ehe eingeht.

Von allen Gänsearten brütet östlich der Elbe als einzige die Graugans. Ihre Brutgebiete liegen dort in unzugänglichen Mooren und an einsamen Seen mit breiten Rohr- und Schilfwäldern, in deren Nähe sich ihr Weiden und Saaten als Äsungsflächen anbieten. Hier findet sie sich im zeitigen Frühjahr oft schon vor der Schneeschmelze ein. Während die älteren Paare sogleich mit dem Bau eines Nestes beginnen, das aus Schilfblättern und Rohrstengeln besteht und mit Dunen ausgepolstert wird, werben die jungen Gänse noch um einen Partner; erst mit zwei Jahren fortpflanzungsfähig, richten auch sie dann ihr Nest her.

Das Nistmaterial wird vom Ganter herbeigeschafft, das Nest selbst von der Gans gebaut. Das Gelege enthält in der Regel 5 bis 8, gelegentlich gar 12 Eier von schmutzigweißer, glanzloser Farbe. Während der vier Wochen anhaltenden Brutzeit bewacht der Ganter das Gelege. Mehrmals täglich geht die Gans auf Nahrungssuche, nachdem sie die Eier sorgsam mit Dunen und Schilfblättern abgedeckt hat.

Sobald die Jungen geschlüpft sind, beteiligt sich auch der Ganter durch Zubringen von Nahrung an deren Aufzucht.

Bereits zwei Tage nach dem Schlüpfen werden die Jungen ins Wasser geführt, doch kehren sie noch wochenlang mit den Alten am Abend zum Nest zurück. Bereits im Spätsommer verlassen sie mit den Eltern, in deren Gesellschaft sie bis zum nächsten Frühjahr bleiben, das Brutgebiet. Noch einige Zeit gemächlich umherwandernd, suchen sie endlich im Familienverband ihre Winterquartiere in den vom Golfstrom beeinflußten Gebieten Schottlands und Westnorwegens sowie in Portugal und im östlichen Mittelmeer auf.

Im Winter begegnen wir in Deutschland nur selten einer Graugans. In dieser kalten Jahreszeit erscheinen bei uns in größeren Flügen aus dem Norden die Saatgänse. Wie die Graugänse ziehen auch sie auf ihren Wanderungen in strenger Keil- und Linienformation. Von der weniger ruffreudigen Saatgans unterscheidet sich die Graugans durch das Fehlen von schwarzen

Abzeichen am Schnabel, durch sehr helle Vorderflügel und dadurch, daß Kopf und Hals nicht dunkler sind als der Körper. Im Flug bietet die Graugans mit ihren silbergrauen, in dunkle Hand- und Armschwingen auslaufenden Flügeln ein imponierendes Bild, das vor dunklem Hintergrund besonders eindrucksvoll zur Geltung kommt. Grau- und Saatgans zählen mit einem Gewicht von drei bis vier Kilogramm zu den größten Gänsen unserer Heimat; nur die ebenfalls bei uns vorkommende Kanadagans übertrifft beide an Größe und Gewicht.

In Deutschland kommen an Wildgänsen im Binnenland die Grau-, Saat-, Bläß- und die Kurzschnabelgans vor, an den Küsten die Ringel-, Weißwangen- und die Kanadagans.

Die Gänse werden hierzulande recht behutsam bejagt. Mit abweichenden Bestimmungen in einzelnen Bundesländern genießen sie im allgemeinen vom 16. Januar bis 31. Oktober Schonzeit. Im Jagdjahr 1978/79 wurden im alten Bundesgebiet 2282 Gänse erlegt, im Jagdjahr 1987/88 belief sich die Strecke auf 3370 Gänse, von denen allein in Niedersachsen 1016 und in Schleswig-Holstein 2117 Stück geschossen wurden. Die Tatsache, daß sich innerhalb von zehn Jahren die Strecke um fast 50 % steigerte, spricht für eine konstant günstige Entwicklung der verschiedenen Gänsepopulationen.

Verwandte des Madenhackers: Stare

Kein Vogelruf ist uns am Ende eines langen Winters willkommener als der des Stars. Sein melodisches, in der zweiten Silbe rauh abfallendes „Jooo-ärr" läßt uns aufhorchen: Die Stare sind da, bald wird es Frühling werden!

Im weißgeperlten Schmuck ihres metallisch glänzenden Gefieders pfeifen, schnarren und schnurren sie, sobald die Sonne hervorkommt, von allen Dächern und Baumwipfeln. Lange, bevor die Bachstelzen und die Schwalben zu uns aus dem Süden zurückkehren, stellen sie sich bei uns ein und werden nicht selten noch von letzten Schneeschauern und harten Frostnächten überrascht.

Eines Jahres hatten sich Anfang März in einer rauhen Nacht mehrere Stare vor der Kälte in einen Nistkasten vor unserem Frosthaus gerettet. Der Kot, den sie dort ausgeschieden hatten, war im Gefieder des zuunterst sitzenden Stars gefroren, so daß er nicht mehr fliegen konnte. Durch das Gepolter im Nistkasten aufmerksam geworden, befreite ich ihn aus seiner bedrängten Lage und brachte ihn meiner Frau in die Küche, wo wir sein Gefieder mit lauwarmem Wasser behutsam reinigten und mit einem Fön trockneten. Ins offene Fenster gesetzt, putzte er alsbald seine Federn, um wenig später in die Freiheit zurückzufliegen. Beglückt schauten wir ihm nach.

Kaum aus dem Süden zurückgekehrt, bereiten die Stare ihr Nest für die erste Brut vor, der bei mildem Klima im Juni eine zweite folgt. Ihre mit Zweigen, Halmen, Federn, gelegentlich gar mit bunten Blütenblättern ausgepolsterten Nisthöhlen finden wir in hohlen Bäumen, Mauerlöchern und offenen Dachkanten. Nistkästen bevorzugen sie, wenn deren Fluglöcher nach Südosten, also entgegengesetzt zur Wetterseite, weisen und die Kästen jährlich gesäubert werden; Kot und faulendes Nistmaterial vom vergangenen Jahr gefährden durch ihr Ungeziefer die neue Brut.

Bereits im April, spätestens Anfang Mai, schlüpfen die Jungen, etwa 5 bis 7, aus den einfarbig lichtblauen Eiern. Die Brutzeit dauert nur vierzehn Tage. Drei Wochen bleiben die Jungen im Nest. Als Nahrung dienen ihnen Insekten aller Art, Schnecken, Würmer, Früchte, Beeren, selbst Pflanzenkeime und zarte Triebe.

Stare sind ausgesprochene Kulturfolger. In Obst- und Weingärten verursachen sie oft arge Schäden. Gesellig wie kein anderer Vogel, gehen sie selbst der Nahrungssuche in größeren Schwärmen nach. Kirschbäume werden in wenigen Tagen bis auf die letzte Frucht geplündert; selbst Äpfel und Birnen sind vor ihnen nicht sicher, sofern sie nur süß genug sind. Noch immer weiß man sich ihrer nicht erfolgreich zu erwehren: Scheuchen und Knallgeräte lassen sie nur in nächste Obstplantagen und Weinberge ausweichen.

Im Herbst, bevor sie in den Süden ziehen, sammeln sie sich zu riesigen Schwärmen, die an Spätsommerabenden mit großer Geschwindigkeit wie auf Kommando eines unsichtbaren Regisseurs, in faszinierenden jähen Schwenkungen über Feldern und

Wiesen einer brausenden Wolke gleich steil aufsteigen, um ebenso jäh senkrecht herabzustürzen, bevor sie mit ohrenbetäubendem Lärm ihre Schlafplätze in den Schilfgürteln von Seen und Teichen aufsuchen. Eine fluktuierende Masse, die einem uns unbekannten Befehl, einer uns rätselhaften Eingebung mit größter Präzision folgt.

Stare, in meiner mecklenburgischen Heimat als „Sprehen" bezeichnet, sind nahe Verwandte des Madenhackers *Buphagus,* von dem wir wissen, daß er in Mittelafrika Elefanten, Nashörner und Antilopen von schmarotzendem Ungeziefer befreit. Ähnliches können wir gelegentlich auch bei Staren beobachten. In der Nähe von Nienburg (Weser) sah ich sie von faul auf der Weide in der Sonne liegenden Hausschweinen Zecken aufklauben. Fast sechzig Jahre jagte ich in Mecklenburg und Niedersachsen: nur zweimal beobachtete ich während dieser Zeit, daß sie sich auch auf dem Rücken von friedlich äsendem Rotwild niederließen. Während ich überzeugt war, die Stare hätten sich auf dem Rotwild ausschließlich als „Madenhacker" betätigt, war ein anderer mir bekannter Jäger sich sicher, mit seinem scharfen Glas gelegentlich beobachtet zu haben, daß sie dem Rotwild auch Haare für den Nestbau raubten. Gewiß wird beides zutreffen. Wir wüßten über den Star als Verwandten des Madenhackers zweifellos besser Bescheid, wenn viel mehr Jäger und Naturschützer entsprechende Beobachtungen publik gemacht hätten.

Forstleute waren's!

In der „Allgemeinen Forst- und Jagd-Zeitung" vom September 1864 finden wir einen namentlich nicht unterzeichneten Beitrag über in Kurhessen von der Forstverwaltung getroffene Anordnungen zur „Schonung der insektenfressenden Vögel". In diesem Beitrag wird auf wesentlich frühere Verordnungen zum Schutz der Vögel, so aus den Jahren 1798, 1802, 1818 und 1822, verwiesen. Lange, bevor es einen „Bund für Vogelschutz" gab, wurden sich die Forstverwaltungen der Bedeutung dieser Aufgabe bewußt.

Am 1. Juli 1847 wurde abermals „durch Ausschreiben des Oberforstcollegiums den Revierförstern zur Pflicht gemacht, das

Forstschutzpersonal mit Hinweisung auf die einschlägigen Bestimmungen in der Forststrafenordnung zur unausgesetzten Wachsamkeit auf das frevelhafte Wegfangen oder Tödten nützlicher Vögel und auf das Zerstören deren Nester gemessenst anzuhalten".

1853 und 1857 wurde „die sträcklichste Befolgung dieser Bestimmungen den Forstbeamten vom Oberforstcollegium" erneut eingeschärft.

1858 wurden den Forstinspektoren und Revierförstern von der Forstverwaltung zur Belehrung zwei Schriften des Ornithologen Dr. Gloger „mit der Weisung zugestellt, nach Kräften auf den Schutz nützlicher Thier hinzuwirken, insbesondere auch das Forstschutzpersonal über die Bedeutung des Gegenstandes aufzuklären".

„Seit dem Jahre 1861 endlich erfreuten sich die Höhlenbrüter noch einer besonderen Vorsorge." In diesem Jahr ließ das Forstcollegium in den Waldungen mit befriedigendem Erfolg viele tausend Starenkästen aufhängen. Gleichzeitig wurde den Pächtern „ärarischer Jagden" in den „Jagdpachtbriefen" verboten, Vögel, die nicht zum jagdbaren Wild zählten, zu fangen oder zu erlegen. – Zum jagdbaren Federwild zählten seinerzeit Gänse, Enten, Hühner, Fasanen, Schnepfen, Bekassinen, Tauben, Schwäne, Trappen, Kraniche, Brachvögel, Möwen, Kiebitze, Rohrdommeln und Wachteln. Zu den Raubvögeln, die ebenfalls verfolgt werden konnten, gehörten Fischreiher, Kolkraben und Elstern. Für das jagdbare Federwild und selbst für die sog. „Raubvögel" wurde jedoch eine Schonzeit vom 1. Februar bis 15. September festgesetzt. Auer- und Birkwild genossen nicht nur in Kurhessen ganzjährige Schonzeit, mit Ausnahme der Hähne, die während der Balz und im Winter (15. Oktober bis 31. Januar) erlegt werden durften.

Selbst in der Periode der „sogenannten Errungenschaften von 1848 bis 1854", während der das höchst fragwürdige Jagdgesetz vom 1. Juli 1848 Gültigkeit besaß, war für den Schutz der Singvögel gesorgt, waren doch „die Positionen des Jagdstraftarifs von 1822 in Kraft geblieben", nach denen zum Beispiel das Fangen von Nachtigallen und das Zerstören ihrer Nester mit 10 Talern Strafe und gleiche Nachstellungen sonstiger Singvögel mit 2½ Talern Strafe geahndet wurden.

Dennoch erwiesen sich die einschlägigen Verordnungen der Forstbehörden als nicht wirksam genug. „An vielen Orten, wo sonst den Naturfreund Philomelen (Nachtigallen) erfreuten, sind diese ganz ausgestorben. Wo noch Anfang dieses (19.) Jahrhunderts die Verpachtung der Vogelherde regelmäßig die Forstrevenüen (Einnahmen) erhöhten, ist der Krammetsvogel jetzt eine Seltenheit." Der ungenannte Verfasser machte verschiedene Einflüsse für den Rückgang der Vogelpopulation verantwortlich, von denen uns noch heute einige recht relevant erscheinen. So schrieb er 1864 u. a.: „Nach wie vor gehört es zu den noblen Passionen der Schulknaben, Vogelnester zu zerstören und auszuheben . . . Nach wie vor werden in vielen Walddörfern Stubenvögel in beträchtlicher Zahl abgerichtet, die der Handel dann weit übers Meer führt."

Heute besteht in umgekehrter Richtung die Gefahr, daß durch den Import exotischer Vögel die Ornis fremder Länder zerstört werden. „Wie viele Forstlaufer und Dorfschullehrer beschäftigen sich nicht mit dem polizeiwidrigen Finkenfang, um mit dem Honorar für die Dressur ihrer befiederten Zöglinge die Lücken in den Einnahmen zu ersetzen! Ein Forstlaufer erzählte mir einmal ganz treuherzig, er habe als Assistent 15 fl. (Gulden) bezogen, dagegen jährlich über 100 fl. durch Abrichten von Finken erworben; er hätte doch leben wollen . . . Immer noch gibt es Wildheege, in denen für Eulen, Dohlen etc. Schußgeld gezahlt wird . . . Die Feldhecken und Flurbäume werden überall von den bodengeizigen Landwirthen bis auf die letzten Reste ausgerodet. Abständige Bäume mit Nistlöchern duldet der ‚rationelle Waldwirth' nicht mehr, denn wo bleibt bei ihm das Steigen des Reinertragsprozentes? . . . Naturgeschichtlicher Unterricht in den Volksschulen gehört zu den frommen Wünschen . . . Was bei uns zu thun übrig, ist die Emanirung (Erlaß) eines umsichtigen ausführlichen Gesetzes über den Schutz nützlicher Vögel."

Fast zweihundert Jahre sind seit den ersten Ansätzen, praktischen Vogelschutz zu betreiben, vergangen. Obgleich von grundsätzlicher Bedeutung, haben sich doch viele der von den Forstbeamten bereits um die Mitte des vorigen Jahrhunderts erhobenen Forderungen bis heute noch nicht befriedigend genug ausgewirkt. Wir denken dabei an die Erhaltung von Hecken, Feldrainen, Feldgehölzen, abständigen Bäumen mit natürlichen Nisthöhlen und nicht zuletzt an eine intensivere Unterrichtung der

Jugend in den Schulen. Wurden bereits um die Wende vom 19. zum 20. Jahrhundert „intensiver Landwirthschaftsbetrieb, Eisenbahnen, Telephon- und Telegraphenleitungen" als neue Feinde der Vogelwelt betrachtet, verbreitern heute Insektizide und Herbizide die für die Ornis schädliche Palette.

1895 wurde in Paris von allen europäischen Staaten mit Ausnahme von Italien und England eine „Konvention zum Schutze der für die Landwirtschaft nützlichen Vögel" unterzeichnet. So begrüßenswert diese erste internationale Vereinbarung auch war, konnte ihr doch nur begrenzter Erfolg beschieden sein; sie ließ den Schutz der in den verschiedenen Ländern als „jagdbar" geltenden Vögel außer acht und klammerte die der Land- und Forstwirtschaft vermeintlich nicht nützlichen Vögel von den Schutzmaßnahmen aus. Auch dürfen wir nicht übersehen, daß die Initiatoren dieser Konvention noch kaum etwas von den diffizilen Zusammenhängen der heute mit dem Begriff „Biozönose" umschriebenen Lebensgemeinschaft von Tieren und Pflanzen wußten.

Herausragende Erfolge erzielte um die Jahrhundertwende der Forstmann Freiherr v. Berlepsch, der als erster einen auf intensiven Naturbeobachtungen aufgebauten und den derzeitigen Kulturverhältnissen angepaßten Vogelschutz praktizierte. Auf den von ihm gewonnenen Erkenntnissen fußt noch heute weithin der Vogelschutz im In- und Ausland. Neben der Entwicklung von artgerechten künstlichen Nisthöhlen für Höhlenbrüter, einer intensiven Winterfütterung und dem Schutz der Vögel vor ihren speziellen Feinden, war es vor allem die Anlage von Vogelschutzgehölzen, mit der Freiherr v. Berlepsch so hervorragende Ergebnisse erzielte. So wurden z. B. 1906 in seiner Seebacher Versuchsstation in einem 102 m langen und 8 m breiten Schutzgehölz mit einer Auswahl von geeigneten und durch sachgemäßen Schnitt zur Quirlbildung angeregten Holzarten, vornehmlich Weißdorn, 73 freistehende Nester gezählt, also auf knapp 1,5 m jeweils ein Vogelgelege.

Seitdem sind mehr als achtzig Jahre vergangen, und um unsere Vogelwelt steht es heute schlechter denn je. Wenn inzwischen auch vieles zu ihrem Schutz getan wurde, wird doch all unseren Bemühungen der Erfolg versagt bleiben, solange die Landschaft ausschließlich unter dem Aspekt vermeintlichen Profits genutzt, Gift zur Vernichtung sog. Unkräuter und Schadinsekten in die

Umwelt getragen und durch fragwürdige Eingriffe die Natur zerstört wird. Doch die Aufgabe bleibt, zu retten, was noch zu retten ist. Die Erde gehört nicht uns allein; der Vogel hat nicht weniger Daseinsberechtigung als der Mensch. Wir allein sind es, von dem sein Leben abhängt. Nicht untertan wollen wir uns die Erde machen, sondern reich und blühend, denn anders wäre auch für uns das Leben nicht mehr lebenswert.

Der Kranich wieder im Aufwind

1978 erklärte der Deutsche Bund für Vogelschutz den Kranich zum „Vogel des Jahres". Seit Jahren schon stand er auf der „Roten Liste" der vom Aussterben bedrohten Vögel. Die Zerstörung seiner natürlichen Umwelt durch Entwässerung der Moore und Sumpfwaldungen sowie die Beunruhigung seiner Lebensräume durch die Freigabe der Wälder für den Touristenverkehr hatten zu einer beträchtlichen Abnahme seines Bestandes geführt.

Mit einer Größe von 1,20 Meter und einer Flügelspanne von 2,30 bis 2,50 Metern ist der Kranich der größte Schreitvogel unserer Heimat. Sein Gefieder zeigt eine helle, schiefergraue Farbe. Von seinem schwarzen Gesicht und seiner schwarzen Kehle sticht an den Kopf- und Halsseiten ein weißer Streifen ab. Sein roter Scheitel ist nur aus der Nähe zu erkennen. Der herabhängende dunklere Teil seines Schwanzes wird nicht von Schwanzfedern, sondern von den inneren Armschwingen gebildet.

Das Verbreitungsgebiet des Kranichs erstreckt sich von Mitteleuropa über Skandinavien bis nach Ostsibirien. Westlich der Elbe kommt der Kranich seit eh und je nur selten vor. 1977 wurden in der „alten" Bundesrepublik Deutschland 16 Brutpaare gezählt.

Deutlicher als in Westdeutschland war der Bestand an Kranichen östlich der Elbe zurückgegangen: in der früheren DDR zählte man 1958 nur noch etwa 150 Brutpaare. Die altbekannten Rastplätze an der Müritz wurden von den im Herbst aus Skandinavien anfliegenden Kranichen von Jahr zu Jahr spärlicher angenommen. Einer der Gründe hierfür war in der Verbuschung der Rastplätze zu sehen, nachdem man in den vierziger Jahren die Beweidung der Rastplätze durch Rinder eingestellt und die Flächen auch nicht mehr gemäht hatte; Kraniche bevorzugen als

Rastplätze freies, weithin übersichtliches Gelände. Inzwischen wurde das ehemals 250 Hektar große Naturschutzgebiet am Ostufer der Müritz auf über 5 000 Hektar erweitert, von denen allein 1000 Hektar auf großräumige Schilfbestände als idealer Biotop für den Kranich entfallen. Um die Rastplätze für die Kraniche wieder attraktiv zu machen, wurden anspruchslose schwedische Fjällrinder eingeführt, die den Pflanzenwuchs kurzhalten – eine Maßnahme, deren Erfolg sich durch die ständig ansteigende Zahl der an der Müritz rastenden Kraniche bestätigte.

Wurden 1958 in der damaligen DDR nur noch etwa 150 Brutpaare gezählt, waren es 1988 bereits 1250 Paare, was einer Steigerung von über 800 Prozent entspricht.

Auch Seeadler und Kormorane profitieren von den Naturschutzmaßnahmen. Der Bestand an Seeadlern wurde 1958 auf 19 Brutpaare, 1988 auf 120 Paare geschätzt. Der Bestand an Kormoranen droht auszuufern; Naturschützer und Fischer vereinbarten, ihn auf allenfalls 1000 Brutpaare für das Gebiet der früheren DDR zu beschränken und überzählige Vögel als Nestlinge unter Aufsicht von Naturschützern schießen zu lassen.

Fast fünfzig Jahre sind vergangen, seit ich des öfteren im Herbst auf den Rastplätzen an der Müritz und am Rand des weiteren Göldenitzer Moores südlich von Rostock Kraniche zu Hunderten oder gar Tausenden einfallen sah – ein Schauspiel, das mir unvergeßlich blieb. Von fern her ertönte das schmetternde Trompeten der in strenger Keilform anfliegenden Vögel. Über dem Rastplatz formierten sie sich zu einer riesigen, zur Erde hin trichterförmig verlaufenden Spirale, aus der sie mit weit geklafterten Flügeln landeten. Aufgeregt begrüßten sie die nach ihnen einfallenden Artgenossen; stelzend und sich verbeugend tanzten sie mit schlagenden Flügeln umeinander, fast wie im Frühling zur Zeit der Balz. Sie gaben ihrer Lebensfreude Ausdruck, indem sie mit dem Schnabel Steinchen in die Luft warfen und in grotesken Sprüngen wieder aufzufangen versuchten. Ihr ausgelassenes Treiben sicherten rings um den Rastplatz aufgestellte Wachen. Erst mit der Dunkelheit kehrte Ruhe auf dem Rastplatz ein.

Noch vor einem halben Jahrhundert hielt man auf diesem oder jenem Bauernhof einen Kranich; man schätzte seine Wachsamkeit und sah durch ihn das Geflügel auf dem Hof vor dem Zugriff des Habichts geschützt. In Gefangenschaft befindliche Kraniche zeigen sich den zum Hof gehörenden Personen gegenüber zumeist recht zutraulich; Fremden gegenüber verhalten sie sich mißtrauisch, wenn nicht gar aggressiv.

Auch wir hielten in meiner Jugend auf unserem Forsthof einen Kranich, den mein Vater als verwaisten Jungvogel im Revier aufgegriffen hatte. Um ihn am Entweichen zu hindern, hatten wir ihm die Flügel gestutzt. Gut genährt und alsbald mit seiner Umgebung vertraut geworden, fühlte er sich bei uns offensichtlich recht wohl. Doch wurde es dann Herbst und zogen seine Artgenossen über unseren Hof gen Süden, setzte der arme Kerl zu kläglichen Flugversuchen an und trompetete verzweifelt den in der Freiheit lebenden Geschwistern nach. Eines Tages lag er verendet im Garten . . . Nie wieder habe ich seitdem ein Geschöpf aus freier Wildbahn in schmähliche Gefangenschaft genommen.

Kraniche werden sehr alt; ihre Lebensdauer wird auf über vierzig Jahre geschätzt.

Eines Tages schoß mein Vater einen der seinerzeit noch als jagdbares Wild betrachteten Kraniche; es war ein ausgewachsenes Exemplar. Am Sonntag drauf setzte meine Mutter ihn uns als leckeren Braten auf den Tisch. Doch so verlockend die knusprig gebräunte Brust des Kranichs sich uns auch präsentierte, so wenig war sie zu genießen: das Fleisch war zäh wie Leder. Gewiß hatte mein Vater einen bereits mehrere Jahrzehnte alten Vogel erwischt.

Kraniche leben in Einehe. Beim Brüten lösen sie einander ab. Ihr Nest bauen sie in flachen, von Schilf geschützten Gewässern auf Rohr- und Graspolstern. Das Gelege enthält zwei grünbräunliche, rotgrau und braun gefleckte Eier, aus denen nach vier Wochen Brutzeit die Jungen schlüpfen. Das zuerst geschlüpfte Junge verläßt in der Regel unter der Obhut eines der Altvögel das Nest, bevor zwei oder drei Tage später das zweite Junge aus dem Ei gekommen ist und dem anderen Elternteil zu folgen vermag. Nachdem die Eltern einige Tage mit je einem Jungen voneinander getrennt umhergezogen sind, vereinigt sich die Familie wieder. Droht den Jungen Gefahr, bauen die Eltern in aller Eile aus Schilfblättern eine Höhle, in der sich die Jungen verstecken. Erst im Herbst schließt sie sich anderen Kranichfamilien an, um die weite Reise in den Süden anzutreten.

Bereits den Alten galt der Kranich als Sinnbild der Wachsamkeit. Man schrieb ihm die Fähigkeit zu, kommende Ereignisse vorauszusehen, was auf das Wetter bezogen keineswegs abwegig erscheint: im Herbst bei freundlicher Witterung auf den Rastplätzen oft tage- oder gar wochenlang verweilend, setzen die Kraniche ihren Flug in den Süden fort, bevor sich ein oder zwei Tage später, von ihnen vorausempfunden, Frost oder Sturmböen einstellen.

Noch zu Anfang unseres Jahrhunderts wurden, wie bereits erwähnt, auf den Bauernhöfen gelegentlich Kraniche als Wächter des Geflügels gehalten. Im Zusammenhang damit dürfte es interessant sein zu erfahren, daß bereits im Salischen Gesetz, dem um 500 n. Chr. in Textform gefaßten Volksrecht der salischen Franken, der Kranich zum Hausgeflügel gerechnet wurde.

Homer berichtet vom Kampf der Kraniche mit den Pygmäen, dem Zwergenvolk an den Ufern des Okeanos, aus dem die Kraniche als Sieger hervorgingen.

Den Kalmücken wie auch den Mongolen galt der Kranich als heiliger Vogel.

Die Japaner verehren ihn als Boten des Glücks und als Verheißung für ein langes Leben; ihre Tempel und Wohnungen schmücken sie mit seinem Bild.

Und nicht von ungefähr wählte die nach dem letzten Krieg wiedererstandene Deutsche Lufthansa das Bild des Kranichs als Symbol für allzeit glückhaften Flug. Unter ihrer Schirmherrschaft wurde 1978 in Zusammenarbeit mit dem „World Wildlife Fund" ein Programm für die Rettung des Kranichs entwickelt, das durch den Ankauf von Reservatflächen, entsprechende Biotopgestaltung und Bewachung der Brutplätze mit dazu beitrug, daß sich heute der Kranich wieder weithin im Aufwind befindet.

Kolkraben,
die heiligen Vögel Odins

„Hugin" und „Munin" hießen die heiligen Vögel Odins, des Gottvaters der Germanen. In alle neun Reiche der Welt zog Odin aus auf der Suche nach Wissen und Weisheit mit der Frage nach dem Schicksal des Göttergeschlechts. Trieb ihn die Frage nach der Zukunft einmal nicht von seinem Göttersitz „Heidskialf", von der „Schwelle des Geschicks", fort, sandte er seine Raben Hugin – das ist der ‚Gedanke' – und Munin – das ist das ‚Gedächtnis' – aus, um von ihnen über das Weltgeschehen unterrichtet zu werden.

Wenn uns hier der Kolkrabe veranlaßt, auf die Mythologie unserer Vorfahren einzugehen, so geschieht es nicht allein, um eine Brücke zur Vorstellungswelt vergangener Zeiten zu schlagen – das Wissen um die Götterdichtung alter Völker offenbart uns mitunter ethnologisch überraschende Zusammenhänge, die uns mit anderen Völkern verbinden und über unsere eigene Geschichte Auskunft geben. So übernahmen zum Beispiel in der griechischen Mythologie die Göttinnen Metis und Mnemosyne für den Gottvater Zeus die gleiche Aufgabe wie die Raben Hugin und Munin für Odin; auch Metis und Mnemosyne bedeuten ‚Gedanke' und ‚Gedächtnis'. Damit bestätigt sich einmal mehr die Erkenntnis der Ethnologen, daß Germanen und Griechen innerhalb der indoeuropäischen Völkerfamilie stammesverwandt sind. So kann uns ein Tier in der Mythologie der Völker – wie hier der Rabe – den Weg in die Entwicklungsgeschichte unseres eigenen Volkes weisen.

Als unmittelbarer Wegweiser erwies sich der Kolkrabe den Wikingern. Sie führten ihn auf ihren weiten Fahrten über die Meere mit sich und schickten ihn aus, Land zu finden. So sollen Raben ihnen den Weg nach Grönland gewiesen haben. Die Normannen trugen ihn auf ihren kriegerischen Raubzügen als Feldzeichen vor sich her. Den Menschen des späteren Mittelalters galt er als Toten- und Unglücksvogel. Wer von uns erinnert sich in diesem Zusammenhang nicht an die uns aus jener düsteren Zeit überkommenden Bilder von einsam in den Himmel aufragenden Galgen, von schauerlich im Wind pendelnden Gehenkten, um die Raben kreisen?

Noch Anfang des 19. Jahrhunderts war der Kolkrabe in Deutschland weit verbreitet. Robust, von keinen Feinden sonderlich bedroht und mit hoher Lebenserwartung ausgezeichnet – nachweislich erreichte ein in Gefangenschaft gehaltener Kolkrabe ein Alter von 69 Jahren –, besaß er alle Voraussetzungen, seinen Bestand zu erhalten. Allein der Mensch wurde ihm zum Verhängnis; als Raubzeug und Feind des Niederwildes betrachtet, wurde er mit Fangeisen, Schußwaffen und Gift dezimiert. Literaturhinweise besagen, daß der Kolkrabe in Deutschland schon um

1834 gebietsweise selten geworden war. Sachsen, Thüringen, Hessen und das nördliche Bayern besaßen um die Mitte des vorigen Jahrhunderts keine Kolkraben mehr. Nicht anders sah es um 1900 in Schlesien, Pommern und Westfalen aus. In Mecklenburg-Strelitz beobachtete ich 1926 im Revier meines Vaters einen letzten Kolkraben.

Ähnlich verlief die Entwicklung in Niedersachsen. Hermann Löns schätzte den Kolkrabenbestand der Lüneburger Heide noch auf allenfalls ein Dutzend Brutpaare. In den zwanziger Jahren gingen letzte Brutplätze in Oldenburg und im Kreis Nienburg verloren. 1927 zählte man in Niedersachsen nur noch 14 Horstplätze. Im Raum Bremen—Bremerhaven—Stade gab es 1947 nur noch drei Brutvorkommen; wahrscheinlich handelte es sich hier um Neueinwanderer aus der in Norddeutschland allein noch in Schleswig-Holstein verhältnismäßig starken Rabenpopulation. Durch Phosphoreier vergiftet und durch intensive land- und forstwirtschaftliche Nutzung einsamer Lebensräume beraubt, schien der Kolkrabenpopulation in Niedersachsen ein Ende bereitet zu sein.

Größere Rabenvorkommen gab es um die Mitte unseres Jahrhunderts in Deutschland nur noch im Alpengebiet, in Ostpreußen und in Schleswig-Holstein. Erste Einwanderungen von Kolkraben aus Schleswig-Holstein nach Niedersachsen sind in etwa auf die Jahre von 1943 bis 1945 zu datieren. Nach SCHULTZ-SOLTAU („Rückgang und Wiederausbreitung des Kolkraben im nördlichen Mitteleuropa unter besonderer Berücksichtigung Niedersachsens", 1962) erfolgte die Einwanderung über die ganze Breite der beiden Ländern gemeinsamen Grenze mit anfangs deutlichem Schwerpunkt im Niederelbegebiet. 1951 verlief die Südgrenze der neuen Brutvorkommen in einem Abstand von etwa 40 Kilometer zur Elbe. Abermalige Vergiftungsaktionen, insbesondere im Bezirk Stade, führten leider zu erneuten Verlusten; rund zwei Drittel der 1952 noch besetzten Horste waren 1955 wieder verwaist. Immerhin ließ sich um 1960 südlich der Elbe zwischen Cuxhaven und Dannenberg in einer Tiefe von 70 bis 90 Kilometern auf niedersächsischem Gebiet wieder ein Bestand von 25 Brutpaaren mit Sicherheit, von weiteren sieben Paaren als wahrscheinlich vorhanden feststellen.

Bereits Ende der fünfziger Jahre sah ich in meinem in der Südheide gelegenen Revier vereinzelt, seit den sechziger Jahren regelmäßig einige Kolkraben. In den achtziger Jahren beobachtete ich jeweils im Herbst in den Abendstunden wiederholt Schwärme von 80 bis annähernd 200 Kolkraben, die sich aus kleineren Flügen formiert hatten und sich mit sonorem „Prrak, prrak" und metallisch klingendem „Tock, tock" lärmend auf ihren Schlafbäumen in Kiefernalthölzern niederließen. In ihrer Größe, die der eines Bussards nicht nachsteht, boten sie stets einen faszinierenden Anblick. Derartige Schwärme „ziehender" Kolkraben wurden in den vergangenen Jahren nicht selten beobachtet. JÜRGEN SCHULTZ-SOLTAU erwähnt sie bereits 1962 in seiner wissenschaftlichen Arbeit. So wurden zum Beispiel im Winter 1959/60 in einem Wald nördlich von Schleswig regelmäßig etwa 200 Kolkraben beobachtet, die zumeist in kleinen Gruppen aus Südwest und Südost anflogen.

Diese Schwärme „ziehender" Kolkraben sind jedoch nicht als echte „Zuggesellschaften" im Sinne einer Zu- oder Abwanderung anzusprechen. Kolkraben, die bereits einen Horstplatz gewählt haben, sind ausgesprochen standorttreu und bleiben als „Jahresvögel" das ganze Jahr über in ihrer angestammten Heimat. In den sich zu Schwärmen vereinigenden Kolkraben haben wir junge, erst mit zwei Jahren geschlechtsreife Vögel zu erkennen, die in weniger starker Revierbindung als die Altvögel einen gewissen Hang zum Wandern zeigen, wobei ihr Geselligkeitsbedürfnis sie vorübergehend an lokalen Schlaf- und Nahrungsplätzen zusammenführt. Eine echte Expansion geschlechtsreifer Kolkraben mit dem Ziel der Besiedlung neuer Lebensräume wird stets erst durch einen entsprechenden Populationsdruck – Nahrungsmangel, begrenzte Nistplatzangebote und daraus resultierende territoriale Aggressivität – ausgelöst.

Inzwischen sind nach der 1960 von SCHULTZ-SOLTAU abgeschlossenen Bestandsaufnahme so zahlreiche Kolkrabenvorkommen auch in weiteren Teilen Niedersachsens beobachtet worden, daß ihr Bestand hier als gesichert oder gar als ausgesprochen stark zu betrachten ist.

Wie war es zu dieser überaus positiven Entwicklung gekommen? Der Kolkrabe wird bereits seit 1934 durch das Reichs- bzw. Bundesjagdgesetz ganzjährig geschützt. Zum Verhängnis wurde ihm die noch bis Anfang der sechziger Jahre praktizierte Bekämpfung der Krähen mit Gifteiern, deren tödliche Wirkung nicht auf die Rabenkrähen beschränkt blieb. Noch 1960 heißt es in ‚Diezels Niederjagd': „Unter den Bekämpfungsmaßnahmen gegen die Krähenvögel wird gewöhnlich an erster Stelle die Vergiftung mit Phosphoreiern genannt; eine Methode, der man die Wirksamkeit nicht absprechen kann, sofern sie richtig geübt wird." 1957 sprachen sich die deutschen Landesjagdverbände (mit Ausnahme von Hessen) auf einer Tagung in Homburg einmütig gegen die Bekämpfung der Krähen mit Gifteiern aus. Erst als dieser Beschluß für die an Schleswig-Holstein grenzenden niedersächsischen Kreise und endlich für ganz Niedersachsen seine gesetzliche Grundlage gefunden hatte, konnten sich hier die Kolkraben wieder zu beachtlicher Bestandesstärke entwikkeln.

Lange Zeit haben die Jäger im Kolkraben einen überaus gefährlichen Feind des Niederwildes gesehen. Mit der nicht gänzlich abwegigen Begründung, die Kolkraben würden von keinen natürlichen Feinden kurzgehalten, haben sie mit allen seinerzeit noch erlaubten Mitteln in ihre Bestände eingegriffen. Noch vor achtzig Jahren hieß es in einem einschlägigen Werk: „Der Kolkrabe nährt sich von Pflanzenstoffen und Tieren, jagt selbst junge Hasen, Auerhühner, Gänse, Enten, Hühner, frißt auch Abfälle und Aas, plündert die Nester und richtet bedeutende Schäden an".

Inzwischen wissen wir, daß der Kolkrabe mehr Sammler als Jäger ist. Dennoch würden wir uns blind stellen, sähen wir in ihm nicht immer noch den Nestplünderer und Feind des Jungwildes, der er nun einmal von Natur aus ist. Doch auch als solcher ist er in unserer Landschaft durchaus tragbar. Es kommt nur darauf an, seinen Beutetieren durch entsprechende Biotoppflege wieder einen natürlichen Lebensraum mit ausreichender Deckung zu geben. Und noch eines können wir Jäger als eine von den Gelegen und vom Jungwild ablenkende Maßnahme tun: Wo immer wir im Bereich von Kolkraben ein Stück Schalenwild geschossen oder als Fallwild zu versorgen haben, sollen wir dessen Gescheide für die Raben offen – wenn auch aus äthetischen Gründen nicht im Sichtbereich von Spaziergängern – liegenlassen; die Kolkraben werden in kurzer Zeit damit aufgeräumt haben.

Gefährlich können sie dem Niederwild nur dort werden, wo es regional um Restbestände bereits selten gewordener Arten wie Birkwild, Rebhuhn, Wachtel, Haubentaucher etc. geht. Wo diese Gefahr gegeben ist – wir denken dabei insbesondere an die starke Kolkrabenpopulation im Bereich der Lüneburger Heide mit Schwerpunkt im Raum Uelzen/Lüchow-Dannenberg –, sollte es den Jägern ermöglicht werden, ihr durch begrenzten Abschuß möglichst noch nicht brutfähiger Kolkraben zu begegnen.

Auch in Nordrhein-Westfalen, wo letzte Kolkraben um 1930 beobachtet wurden, bemüht man sich seit einigen Jahren um die Wiedereinbürgerung dieser imponierenden Vögel. Zwar ist mit einer eigenständigen Ausbreitung der Kolkraben im nördlichen Teil dieses Bundeslandes vom benachbarten Niedersachsen aus zu rechnen; da deren Zuwanderung jedoch nur zögernd vorankommt, entschloß man sich, Kolkraben im weiter westlich gelegenen Raum Wesel–Oberhausen auszuwildern. Die dafür benötigten Raben wurden in Zucht- und Auswilderungsvolieren in der Kirchheller Heide bei Bottrop von Zuchtpaaren erbrütet; im vergangenen Jahr wurden 31 Jungraben zusammen mit den bruterfahrenen Altvögeln ausgesetzt. Die Auswilderungsaktion wurde vom Deutschen Bund für Vogelschutz mit Genehmigung der Oberen Jagdbehörde und unter fachlicher Beratung der Forschungsstelle für Jagdkunde und Wildschadensverhütung des Landes Nordrhein-Westfalen durchgeführt; die Jäger unterstützen diese Aktion, indem sie auf das Vorkommen von Kolkraben im Auswilderungsbereich achten und entsprechende Hinweise an das koordinierende Biologische Institut Metelen e. V. geben.

Wo immer sich der Kolkrabe Lebensräume, aus denen er verdrängt wurde, zurückerobert, heißen wir ihn als faszinierende Bereicherung unserer Landschaft willkommen. Sorge müssen wir jedoch dafür tragen, daß seine Population nicht ausufert und durch ihn nicht letzte Bestände an seltenen Wildtieren verlorengehen.

Unsere Tauben

In der Mythologie der Völker wird kein anderes Tier so sehr verehrt wie die Taube. Bereits in der Schöpfungsgeschichte ist sie Symbol der Urfeuchte: „Der Geist Gottes schwebte über den Wassern wie eine Taube." Ihre Fruchtbarkeit ließ sie zum heiligen Vogel der Venus werden. Was Karl Julius Weber (1767 bis 1832), den Verfasser des „Demokritos", zu der amüsanten Äußerung veranlaßte: „Tauben sind sehr musikalisch, folglich auch sehr verliebt, folglich die Vögel der Venus; aber ihre Keuschheit ist nicht größer, als ihre Sanftmut, sie beißen sich oft herum; ihre Unkeuschheit ist aber doch fruchtbar, denn eine einzige Handlung kann nach vier Jahren 14762 lebendige Folgen haben."

Aus den für sie errichteten Taubenhäusern mit reihenweise übereinander angebrachten Nischen entstanden in römischer Zeit die Kolumbarien (Columba = Taube), Grabkammern mit gleicherweise angeordneten Nischen für die Aufnahme von Aschenurnen.

Babylon galt als die Stadt der Tauben; in ihr wurde Semiramis aus dem Ei einer Taube geboren, bevor sie sich zur Herrscherin der Stadt aufwarf. Noch um die Jahrhundertwende prägten wilde Tauben das Stadtbild Mekkas, deren Freudenmädchen es sich zur Aufgabe gemacht hatten, sie ständig zu füttern.

Auch den Israeliten war die Taube heilig, und Jerusalem galt, wie Babylon, als Stadt der Tauben. Den Christen wurde sie zum Symbol der Seele und des Heiligen Geistes. Nach altrussischem Volksglauben leben in den Tauben die Seelen Verstorbener; Tauben zu töten, wäre im alten Rußland einer Sünde gleichgekommen. Heute gilt die Taube in aller Welt – wenn auch oft mißbraucht – als Symbol des Friedens.

Vier Taubenarten brüten in unserer Heimat, von denen die Hohltaube (*Columba oenas*) und die Turteltaube (*Streptopelia turtur*) bereits selten geworden sind. Um den Bestand an Ringeltauben (*Columba palumbus*) und Türkentauben (*Streptopelia decaocto*) brauchen wir hingegen nicht zu bangen; sie haben sich in den letzten Jahrzehnten so stark vermehrt, daß es intensiver Bejagung bedarf, sie in ihrer Population nicht ausufern zu lassen.

Während in unserer Bundesrepublik 1961/62 rund 251000 Ringeltauben erlegt wurden, belief sich 1987/88 die Strecke bereits auf über 537000 Tauben. Die Türkentaube, von der es noch 1960 in einem wissenschaftlichen Werk hieß, daß sie Deutschland nur sehr lückenhaft besiedelt, hat inzwischen als ausgesprochener Kulturfolger weithin die Dörfer und Städte unseres Landes erobert. Da sie dort mit der Schußwaffe nicht verfolgt werden darf, wird man ihrer noch stärkeren Entfaltung kaum begegnen können.

Schaden verursachen die Ringeltauben vor allem nach der Aussaat des Getreides, wenn sie zu Hunderten oder gar zu Tausenden über die Felder herfallen. Im Winter vergreifen sie sich an Gemüsepflanzen, wie Kohlrabi und Rosenkohl, auch Winterraps verschmähen sie nicht. In den Saatkämpen der Forstbetriebe plündern sie, wie auch von Freisaaten, die ausgesäten Buchekkern und Eicheln. Da sie jedoch auch Würmer, Schnecken und Insekten, wie Eichenwickler, Spanneraugen, Schildläuse und Käfer, nicht verschmähen, können sie sich für den Forstmann wiederum als sehr nützlich erweisen.

In meiner mecklenburgischen Heimat betrachteten wir die Ringeltauben als Zugvögel, die spätestens Anfang November nach Westen und Süden hin abwanderten. Westlich der Elbe bleiben sie auch den Winter über in ihrem Brutgebiet; je nach Witterungslage muß man sie aber auch dort zum Teil als Strichvögel betrachten.

Ende der dreißiger Jahre bot sich mir in Mecklenburg in einem Buchenaltholz ein verblüffender Anblick, der mich glauben ließ, ich sähe nicht richtig. Auf mehreren Hektar schien der Waldboden zu leben. Abertausende von Ringeltauben suchten unter den Buchen nach leckeren Bucheckern. Ich versuchte, ihre Zahl zu schätzen, und war am Ende sicher, etwa zehn- bis zwölftausend Tauben vor mir zu haben. Natürlich reizte es mich, einige davon zu erlegen. Doch was konnte ich schon mit meiner Kleinkaliberbüchse ausrichten! Nicht mehr als zwei Tauben erbeutete ich. Bereits nach den ersten Schüssen war es mir nicht mehr möglich, mich ihnen auf die erforderliche Schußentfernung zu nähern. Einige Tage später sah ich keine Taube mehr in meinem Revier. Nie wieder begegneten mir Tauben in einer derartigen Anzahl.

Wir Jäger nennen den Tauber gerne den „Hahn des kleinen Mannes" und entschädigen uns mit seiner Erlegung für den Verzicht auf die Bejagung des inzwischen gottlob bereits völlig geschützten Birkhahns. Die Jagd auf den balzenden Tauber im Frühjahr hat ihren besonderen Reiz, erfordert sie doch vom Jäger größte Geschicklichkeit. Da gilt es, den in hohen Eichen oder Fichten sitzenden Tauber während seines Rufens unter Ausnutzung jeder Deckung ungesehen und ungehört anzugehen, ehe ihn dann endlich die Kugel oder Schrotgarbe im Gewirr der Baumkronen erreicht. Frühling, Sonne und blauer Himmel geben dieser Jagd ihre eigene stimmungsvolle Note.

Auch die Lockjagd auf den Tauber hat ihren besonderen Reiz. Den Lockruf zu beherrschen ist dabei nicht weniger wichtig als die Wahl eines geeigneten Standortes. Zum einen muß dieser gute Deckung bieten, zum andern muß sich in seiner Nähe, etwa zwanzig bis dreißig Meter entfernt, ein „Rufbaum", eine einzelne Eiche oder Buche, befinden, auf den sich die auf den Ruf zustehenden Tauben niederlassen. Künstliche Locken, die den Ruf des Taubers täuschend nachahmen, gibt es in jedem Waffengeschäft zu kaufen. Erfahrene Jäger wissen auch ohne derartige Hilfsmittel auszukommen; sie verstehen es, auf hohl geballten Händen oder auf zwei Fingern hohl pfeifend die Tauben zu betören.

Größere Taubenstrecken erzielt man unter Beteiligung mehrerer Schützen, die sich zur Zeit der Getreidereife oder in der Nähe abgeernteter Felder an Waldrändern ansetzen. Von einem Jäger beschossen, streichen die Taubenschwärme dem nächsten Schützen zu. Je umfangreicher derartige Aktionen geplant werden, desto größer wird der Erfolg sein. Entsprechende Absprachen mit Reviernachbarn führen zu oft erstaunlichen Ergebnissen.

Daß junge Ringeltauben gebraten vorzüglich schmecken, weiß jeder Jäger; von älteren Tauben sollte man sich besser eine Brühe zubereiten lassen; zu zäh, wären sie anders kaum zu genießen. Einer ›hundsgemeinen‹ Art, an leckere Taubenbraten zu kommen, kam ich in einem niedersächsischen Bauerndorf auf die Spur. In den alten Eichen des Dorfes brüteten alljährlich einige Ringeltauben. Kurz bevor die Jungen flügge wurden, kletterten junge Burschen zu ihnen hinauf und banden sie in den Nestern fest, um sie von den Eltern füttern zu lassen, bis sie für einen leckeren Braten schwer und fett genug waren. Daß eine solche Methode mit dem Tierschutzgesetz nicht zu vereinbaren ist, steht außer Frage.

Das Bundesjagdgesetz gewährt den Ringel- und Türkentauben nur in den Monaten Mai und Juni Schonzeit. Eine Ausnahme bildet das Land Niedersachsen; hier dürfen sie erst ab 16. Juli bejagt werden. Doch selbst dieser Termin erscheint mir für den Beginn der Jagdzeit noch zu voreilig. Der ersten Brut der Ringeltauben im Frühjahr folgt eine zweite im Juni. Fällt letztere in die zweite Junihälfte, ist in Anbetracht der fünf Wochen andauernden Nestlingszeit und Ästlingsperiode der Jungen vorauszusehen, daß die entsprechenden Jungtauben erst Ende Juli voll ausgereift sind. In der ehemaligen DDR wurde man dieser Überlegungen besser gerecht; dort begann die Jagdzeit auf Ringel- und Türkentauben erst am 1. August.

Die Ringeltaube baut ihr Nest in dichten Bäumen; wir finden es dort bald in fünf, bald in zwanzig Meter Höhe. Wie bei allen Taubenarten enthält es zwei weißliche, ungefleckte Eier. Eines Tages wurde in meinem Revier beim Fällen einer starken Kiefer eine Fichte mit einem darin befindlichen Taubennest zu Boden gerissen. In dem Nest befanden sich zwei Junge, die unverletzt geblieben waren. Ich richtete das beschädigte Nest wieder her und setzte es in eine benachbarte Fichte. Bereits nach einer Stunde hatte ich die Freude, daß die Jungen von den Eltern wieder gefüttert wurden.

Von der taubenblauen Ringeltaube unterscheidet sich die kleinere Türkentaube durch eine eintönig staubgraue Oberseite, ein schwarzes statt weißes Nackenband (junge Ringeltauben besitzen letzteres noch nicht) und eine im Flug deutlich sichtbare weiße Endbinde an der schwarzen Schwanzunterseite. Auch an der Stimme sind beide Taubenarten leicht zu unterscheiden. Während sich die Ringeltaube mit einem melodischen „Ku-ku-ruku-ku" vernehmen läßt, äußert sich die Türkentaube mit einem tiefen, weniger wohltönenden „Ku-kuh-ku", wobei die zweite Silbe besonders betont wird.

Ursprünglich in Indien beheimatet, breitete sich die Türkentaube bereits vor längerer Zeit in Kleinasien und auf der Balkanhalbinsel aus. Vor etwa sechzig Jahren stieß sie dann, zuletzt in stürmischer Entwicklung, weiter nach Westen und Norden vor. Heute besiedelt sie Europa im Norden bis Schottland und Südschweden, im Westen bis etwa zur Linie Norditalien−Nordwestfrankreich.

Die Turteltaube genießt in Deutschland in Anbetracht ihrer Seltenheit ganzjährige Schonzeit. In ihrer Größe etwa der Türkentaube gleich, unterscheidet sie sich von dieser durch eine lebhaftere Färbung des Gefieders; die rotbraune Oberseite zeigt schwarze Tupfen, die Halsseite je einen schwarzweiß gestreiften Fleck. Im Westen Deutschlands kommt sie häufiger vor als im Osten. Ihren Namen verdankt sie ihrer Stimme, einem schnarrenden „Turr-turr-turr". Nur 150 Gramm schwer, wird sie dennoch leider im südlichen Europa und in Frankreich stark bejagt.

In Niedersachsen beobachtete ich sie des öfteren im Kreis Nienburg (Weser); in den fünfziger Jahren brütete ein Paar in meinem
im Kreis Celle gelegenen Revier; nur einmal noch sah ich sie dort
vor etwa zehn Jahren.

Einziger Höhlenbrüter unter den Tauben ist die bereits seltene,
jedoch über ganz Europa verbreitete Hohltaube; auch sie ist in
der Bundesrepublik von der Bejagung ausgenommen. Eine der
wesentlichsten Voraussetzungen für die Sicherung ihres Bestandes sind hohle Bäume, die zu erhalten ein selbstverständliches
Anliegen der Forstleute sein sollte. Dunkler und kleiner als die
Ringeltaube, ist sie von dieser leicht durch das Fehlen von Weiß
an Flügel und Hals zu unterscheiden; ein glänzend grüner Fleck
an den Halsseiten gehört zu ihren besonderen Merkmalen, jungen Hohltauben fehlt jedoch noch dieser grüne Fleck.

Unsere Spechte

Wer hat sich schon einmal die Frage gestellt, warum der Specht
von den alten Römern mit dem Namen „picus", die Elster aber
mit der weiblichen Form von picus, nämlich „pica", belegt
wurde? Da muß zwischen beiden doch irgendein Zusammenhang
bestehen; nicht von ungefähr kann es zu diesen nur im
Geschlecht unterschiedlichen Namen gekommen sein, die auch
heute noch von den Wissenschaftlern verwendet werden.

In der Tat gibt es in der Mythologie der Römer einen Hinweis
darauf. Für die Auguren, die weissagenden Mitglieder des ural-
ten römischen Priesterkollegiums, stand der Specht als einer der
bedeutungsvollsten Vögel in geheimnisvoller Beziehung zur
geschwätzigen, dem Bacchus heiligen Elster. Die Auguren deu-
teten den Flug der Vögel nach überlieferten, nur ihnen zugängli-
chen Ritualbüchern. Der Specht galt ihnen als Symbol der Heimlichkeit des Waldes; er allein kannte dessen verborgene Schätze
und Geheimnisse und vermochte es, in geheimer Kunst aus den
Bäumen Allwissenheit zu trommeln.

Gewiß wollten die Auguren allein im Besitz der ihnen vom
Specht vermittelten Allwissenheit bleiben, deren ausschließli-
chen Besitz sie jedoch durch die Geschwätzigkeit der nicht
minder klugen Elster bedroht sahen. Da aber Geschwätzigkeit

seit eh und je dem Weib angelastet wird und in der Mythologie Specht und Elster wie ein sich widersprechendes Ehepaar agierten, nimmt es nicht Wunder, sie „picus" und „pica" genannt zu sehen. Daß die Elster ein dem Bacchus heiliger Vogel war, deutet gleichfalls auf ihre Geschwätzigkeit hin, ist sie doch insbesondere Trunkenen zu eigen.

Bitte, das ist meine persönliche Version der merkwürdigen Namensgleichheit beider Vögel! Die Mythologie aber läßt wohl kaum eine andere Deutung zu.

Der Schwarzspecht war dem Kriegsgott Mars geweiht. Noch heute trägt die Umgebung der im Latinischen Krieg heiß umstrittenen Küstenstadt Laurentum die Bezeichnung „Regio pici" (Landschaft des Spechtes).

Allein der Specht kannte und hütete die Springwurz, die Alraunwurzel, deren Zauber darin lag, daß jedes von ihr berührte Schloß sich auftat. In den Besitz dieser Zauberwurzel gelangte man, indem man dem Specht den Zugang zu seiner Baumhöhle verkeilte. Holte dann der Specht zur Abhilfe die Springwurz herbei, konnte man sie ihm mit List abjagen.

Allein der Specht kannte auch die Wunderblume, die den Zauberberg öffnete.

Zugleich war der baumspaltende Specht Sinnbild des Blitzes und galt in diesem Zusammenhang den Römern als feuerbringender, brandstiftender Vogel.

In der indischen Mythologie erscheint der Gott Indra als Specht.

Wenn auch die Mythen und Märchen der Völker nichts über die Biologie des Spechtes aussagen, ersehen wir aus ihnen doch, wie sehr sich bereits in der Antike die Menschen mit diesem schönen, uns immer noch geheimnisvollen Vogel beschäftigten.

Alle Spechtarten verfügen über einen kräftigen Meißelschnabel, der ihnen zum Zimmern der Bruthöhle und bei der Nahrungssuche zum Aufspalten der Baumrinde dient. Mit ihrer ungewöhnlich langen Zunge vermögen sie, auch aus tieferen Rindenschichten die Beute hervorzuholen. Der kurze, steife Schwanz dient ihnen als Stütze beim Erklettern der Bäume.

Mit Ausnahme von Australien und Madagaskar sind die mehrere hundert Arten zählenden Spechte über die ganze Erde verbreitet.

Recht ungesellig, halten sie nicht einmal während ihrer kurzen Ehe Frieden miteinander.

Ihre Stimme fällt weithin auf, insbesondere ihr lautes, lachendes Geschrei, das weit durch den Wald schallt. Typisch für viele Spechtarten ist ein eigenartiges Trommeln, das durch rasend schnelle Schläge mit dem Schnabel auf vibrierende dürre Äste hervorgerufen wird und wohl als Ausdruck überschäumender Lebensfreude, vielleicht auch als Zeichen der Verständigung unter den Geschlechtern zu werten ist.

Spechte legen in der Regel ihr Nest in selbstgezimmerten Baumhöhlen an. Schwarzspecht und Buntsprecht richten im allgemeinen alljährlich eine neue Baumhöhle als Brutplatz her; der Grünspecht, mit einem weniger harten Schnabel ausgerüstet, begnügt sich gelegentlich mit „Altbauwohnungen". Das Gelege der Spechte besteht aus vier bis sechs glänzend weißen Eiern, die von beiden Eltern bebrütet werden. Bereits die Jungen sind untereinander recht unverträglich; dauernd lassen sie leise, aber durchdringend wispernde Laute vernehmen. Gefüttert werden sie von beiden Eltern, die selbst hierbei, wie der bekannte Vogelkundler HEINROTH schreibt, dauernd auf Kriegsfuß miteinander stehen. „Man hat den Eindruck, als sei es jedem der beiden Vögel gräßlich, daß zum ganzen Brutgeschäft und zum Auffüttern der Jungen noch ein Zweiter gehört." Nach dem Ausfliegen werden die Jungen nur kurze Zeit von den Eltern betreut, dann aber rücksichtslos vertrieben.

Der Forstmann sieht in den Spechten besonders nützliche Vögel, vertilgen sie doch Unmengen schädlicher Forstinsekten, insbesondere die den Nadelhölzern gefährlichen Borkenkäfer. Außerdem dienen die von ihnen gezimmerten, oft nur ein Jahr benutzten Baumhöhlen zahlreichen anderen Höhlenbrütern als Wohnung. Schädlich werden die Spechte allenfalls durch das Vertilgen nützlicher Waldameisen und das Bemeißeln gesunder Bäume, an denen sich dann gefährliche Pilze ansiedeln können. Eine merkwürdige Eigenart der Spechte ist das „Ringeln" von Laubhölzern, in deren Rinde sie in waagerechten Reihen zahlreiche Löcher hämmern, um den aus der Rinde hervortretenden Saft aufzulecken und vom Saft angelockte Insekten zu vertilgen.

Eine ausgereifte Technik wendet der Große Buntspecht an, um an Waldsämereien zu kommen. Besondere Leckerbissen sind für ihn Kiefern- und Lärchensamen, die er aus den Zapfen klaubt, indem er die Zapfen in einen dafür geeigneten Spalt klemmt, wofür sich als Haltevorrichtung Riefen an grobrindigen Kiefern, an alten Zaunpfählen und selbst an anbrüchigen Leitungsmasten anbieten. Da derartige Haltevorrichtungen vom Specht über Jahre hin als Werkstatt für das Ausklauben der von ihm herbeigetragenen Zapfen verwendet werden, findet man darunter auf dem Erdboden haufenweise entleerte Kiefern- und Lärchenzapfen. Treffend werden im Volksmund derartige Anlagen als „Spechtschmieden" bezeichnet. Zu finden sind sie nur im Bereich größerer Kiefern- und Lärchenbestände.

Eine oft diskutierte Frage ist es, woher die Spechte „wissen", wo unter der Baumrinde Insekten zu finden sind. Ihr Geruchssinn dürfte dafür nicht ausreichen. Zunächst wird sie der Anblick kränkelnder Bäume anlocken. Ausschlaggebend aber wird der jeweilige Ton sein, den der harte Schnabel des Spechtes beim Hämmern verursacht. Wahrscheinlich horchen die Spechte die Bäume regelrecht ab, um zu erfahren, wo die begehrte Beute zu finden ist.

Unser größter Specht ist der an seinem schwarzen Kleid leicht zu erkennende Schwarzspecht (*Dryocopus martius*).

Etwa krähengroß, zeichnet sich das Männchen durch eine rote Kopfplatte aus; beim Weibchen ist nur das Hinterhaupt rot gefärbt. Beim Abstreichen läßt der Schwarzspecht zumeist ein kurzes, kratzendes „Trrü-trrü-trrü" hören; sein gewöhnlicher Ruf ist ein laut schallendes „Kliöh". Klingt dieser Ruf langgezogen und klagend wie „kliäh", spricht man vom sogenannten „Regenruf", der nach altem Glauben nasses Wetter ankündigt. Der Schwarzspecht ist in unseren Heidewäldern noch recht häufig vertreten.

Etwas seltener kommt in der Heide der etwa hähergroße Grünspecht (*Picus viridis*) vor. Oberseits olivgrün, unterseits graugrün gefärbt, zeichnet auch er sich durch einen roten Scheitel aus. Seine Stimme ähnelt einem sehr lauten, schallenden „Lachen".

Weniger stark vertreten ist in Norddeutschland der Grauspecht (*Picus canus*). Kleiner als der Grünspecht, wird er doch gelegentlich mit diesem verwechselt. Grauer Kopf und Hals sowie ein schmaler schwarzer Bartstreif unterscheiden ihn vom Grünspecht.

Unsere kleinsten Spechte sind die Buntspechte, von denen drei Arten bei uns vorkommen: der Große Buntspecht (*Dendrocopos major*), der Mittelspecht (*Dendrocopos medius*) und der Kleinspecht (*Dendrocopos minor*). Am schwierigsten dürfte es sein, den Großen Buntspecht vom Mittelspecht zu unterscheiden, sind beide doch etwa gleich groß. Der Große Buntspecht zeichnet sich durch einen schwarzen Rücken mit großen weißen Schulterflekken und durch rotes Unterschwanzgefieder aus und ähnelt damit stark dem Mittelspecht, der jedoch keinen schwarzen Augenstreif besitzt, und dessen hellrote Scheitelfedern ohne jede schwarze Begrenzung sind. Auch die Stimme des Großen Buntspechtes ähnelt der des Mittelspechtes; sie klingt wie ein lautes, hartes „Kick", das beim Mittelspecht in etwas tieferer Tonlage liegt.

Es bedarf wohl keiner Erwähnung, daß unsere Spechte ausnahmslos zu den geschützten Vogelarten zählen. Sie in ihrem Bestand zu erhalten setzt voraus, daß in unseren Wäldern alte Bäume, in denen sich Bruthöhlen befinden, grundsätzlich von der Axt verschont werden.

Neuntöter –
inzwischen „hochgradig bedroht"

Unter mir, am Fuß des Hochsitzes, tickt aufgeregt auf einem sperrigen Reisighaufen ein Zaunkönig. Unaufhörlich wippt das kleine Kerlchen mit seinem Stummelschwänzchen, verschwindet tief im Reisig und sitzt doch sogleich wieder auf seiner kleinen Empore – hellwach, ängstlich und aufmerksam. Zuerst glaube ich, der winzige Gnom könnte sich durch mich gestört fühlen, doch dann sehe ich, was ihn so sehr erregt: Ein Neuntöter ist es, der unweit von ihm auf dem Wipfeltrieb einer hüfthohen, ihre Umgebung überragenden Kiefer wie auf hoher Warte sitzt, die ihm freien Blick nach allen Seiten hin gibt. Vielleicht wird er eines Tages die junge Brut des Zaunkönigs töten, so daß dieser nun so aufgeregt und furchtsam ist.

Nur etwas über sperlingsgroß ist der Neuntöter, ein ausgesprochen schöner Vogel. Er ist der kleinste in der Familie der Würger, zu denen, so groß wie ein Star, der Raubwürger, der etwas kleinere Schwarzstirnwürger und der farbenprächtige Rotköpfige Würger zählen. LINNÉ, der berühmte schwedische Naturforscher, zählte die Würger zu den Raubvögeln, was am ehesten noch auf den großen Raubwürger zutrifft, der selbst ausgewachsene Singvögel mit Schnabel und Krallen angreift. Der Rotköpfige Würger und der Schwarzstirnwürger leben nur von Insekten. Und auch dem Neuntöter wird mehr Übles angelastet, als er verdient: Seine Nahrung besteht vorwiegend aus Insekten, Fröschen und Mäusen; mitunter aber plündert er die Gelege von Singvögeln, was wir ihm nur ungern verzeihen.

Die Gepflogenheit des Neuntöters, seine Beute vor dem Verzehren auf spitze Dornen zu spießen, trägt auch nicht dazu bei, ihn uns sympathisch zu machen. Dabei vergessen wir, daß jedem Geschöpf eigene Waffen und Formen zum Überleben gegeben sind und die uns selbst zugeteilten auch nicht immer die humansten sind. Seinen merkwürdigen Namen gaben ihm unsere Vorfahren, weil sie glaubten, er verzehre seine Beute erst dann, wenn er wenigstens neun Beutetiere als Vorrat aufgespießt hat. Gewiß eine reizvolle Deutung, in Wirklichkeit aber spießt der Neuntöter seine Beute nur auf, um sie bequemer zerreißen zu können. Unabhängig von der Anzahl der Beutetiere, wird er sie sich stets holen, wenn er oder seine Brut Hunger hat. Und verzehren kann er sie nur, wenn er zuvor das Gewölle von der letzten Mahlzeit – Chitinreste von Käfern, Haare und Knochen von Mäusen und Federn von Jungvögeln – ausgespien hat. Zuweilen vergißt er seine aufgespießten Vorräte, was beweist, daß sie nur kurzfristig gespeichert werden.

Viel Zeit gibt mir der Neuntöter nicht, ihn vom Hochsitz aus zu beobachten. Es ist ein dreistes, unruhiges Männchen, das von hoher Warte sein Jagdgebiet ausspäht. Sein rötlicher, eigentlich mehr kastanienbrauner Rücken hat ihm auch den Namen „Rotrückiger Würger" eingetragen. Vom Weibchen unterscheidet er sich durch den hellen, blaugrauen Scheitel und Bürzel, die beim Weibchen matt rotbraun gezeichnet sind. Das von der Schnabelwurzel über die Augen bis zu den Ohrendecken reichende Kopfband ist beim Männchen schwarz, beim Weibchen hingegen rotbraun.

Kaum habe ich den Neuntöter als Männchen angesprochen, stürzt er sich auch schon im hohen Gras auf seine Beute, mit der er am Waldrand verschwindet. Vielleicht war es seine letzte

Beute hier in diesem Jahr; als Zugvogel wird er in diesen Tagen die Heide verlassen. – Vielleicht werde ich ihn hier im Espenloh überhaupt nicht mehr wiedersehen. Neuntöter lieben offenes Gelände, und die Kultur vor mir wird schon im kommenden Jahr so hoch sein, daß sie ihm als Jagdrevier nicht mehr zusagen dürfte.

Der Tag neigt sich seinem Ende zu; außer einigen Rehen habe ich kein Wild in Anblick bekommen. Noch hat die Brunft des Rotwildes nicht eingesetzt.

Zehn Jahre sind vergangen, seit ich hier im September auf Rotwild ansaß und auf das erste Schreien der Hirsche wartete. Neuntöter habe ich hier in all den Jahren nicht mehr beobachtet. Und auch in anderen Teilen meines Reviers ist er ausgeblieben; überall ist er selten geworden. 1985 hatte man ihn zum „Vogel des Jahres" erklärt, um auf den allgemeinen Rückgang seiner Art aufmerksam zu machen. Zehn Jahre zuvor wurde er in der Roten Liste der in Niedersachsen gefährdeten Vogelarten noch nicht als „hochgradig bedroht" aufgeführt; nur als „bestandesbedroht" hat man ihn damals bezeichnet. Doch auch das hätte genügen sollen, nicht weiter auf dem unseligen Weg seiner Lebensraumzerstörung fortzuschreiten. Sie allein ließ seinen Bestand mehr und mehr zusammenbrechen; seine natürlichen Feinde hätten seiner Art nicht gefährlich werden können. Hecken und Büsche, verlassene Steinbrüche und Dammböschungen in sonst offener Landschaft benötigt er als Lebensraum. Die Menschen aber legten in die Landschaft Asphaltstraßen, rodeten die letzte Dornenhecke und das letzte Gebüsch im freien Feld und zerstörten damit weithin den Biotop des im Bewußtsein unseres Volkes immer noch lebendigen, ungemein reizvollen Neuntöters.

1971 noch hieß es in einem einschlägigen Werk über die Singvögel unserer Heimat, man sollte das Fehlen von Büschen und Hecken in unserer Landschaft nicht grundsätzlich bedauern, mindere es doch das Vorkommen des Würgers, des Neuntöters, was der übrigen Vogelwelt zum Vorteil gereiche.

Gewiß plündert der Neuntöter gelegentlich Vogelgelege, das aber darf für uns kein Anlaß sein, seinen Lebensraum noch stärker einzuschränken. Sein Lebensrecht ist nicht geringer zu bewerten als das anderer Vögel. Je artenreicher sich uns Fauna und Flora darstellen, desto natürlicher ist unsere Umwelt. Kein

Tier ist in ihr überflüssig, ein jedes hat seine Aufgabe – auch wenn wir sie mit unserem beschränkten Wissen nicht immer erkennen.

Vor mehr als einhundertfünfzig Jahren schrieb ERNST MORITZ ARNDT: „Wer einem Wald die Wälder auszieht, und besonders wer die Berge und Höhen entwaldet, der beraubt den Menschen an seinem köstlichsten Teile. Seinem Auge wird mit der Schönheit die Freude genommen, also daß er in Einförmigkeiten und Einerleiheiten erstockt. Die spielenden und sehnsüchtigen Geister des Himmels kommen nimmer mehr so froh und freundlich zu ihm herab, die Seen und Bäche werden ärmer und niemand kann mehr seine Seele an ihnen erlaben und sich zuweilen in die Unendlichkeit hineinspielen."

Die Wahrheit dieses Wortes hat sich uns in fataler Weise bestätigt. Die Schäden, die der Mensch der Natur zugefügt hat, sind vielfach irreparabel. Dennoch gilt es zu retten, was noch zu retten ist. Die Sehnsucht nach einer heilen Umwelt ist stärker denn je geworden und läßt uns auf eine bessere Zukunft im Hinblick auf einen verantwortungsvolleren Umgang mit der Natur hoffen.

Caprimulgus europaeus, der Ziegenmelker

Seinen wissenschaftlichen Namen *Caprimulgus* (*capra* = Ziege; *mulgére* = melken) verdankt der Ziegenmelker dem Aberglauben, daß dieser etwa amselgroße, einschließlich des Schwanzes 26 cm lange Vogel mit seinem ungewöhnlich großen, bis hinter die Augen sperrenden Rachen nachts den Ziegen und Kühen die Milch aus dem Euter saugt. Auch „Nachtschwalbe" genannt, ist der über ganz Europa verbreitete Ziegenmelker ein typischer Vogel der Heide.

Bei Tage hockt er regungslos auf dem Boden oder in Längsrichtung an einen Ast gepreßt. Mit seiner rindenfarbigen Zeichnung, einer graubraunen bis dunkelbraunen, teils rostgelb gesprenkelten Bänderung paßt er sich seiner Umgebung so hervorragend an, daß er nur ungemein schwer auszumachen ist. Erst mit der Abenddämmerung wird er rege; in gaukelndem Flug, bald schwebend, bald jäh zupackend, stellt er seiner Beute nach, insbesondere Fliegen, Faltern und Käfern bis zur Größe des allgemein bekannten stahlblauen Mistkäfers.

Als Zugvogel verweilt er bei uns, je nach Witterung, von Mai bis September. Während dieser Zeit schreitet er zweimal zur Brut.

In der Paarungszeit läßt das Männchen einen eigentümlichen Liebesgesang ertönen, ein in der Dämmerung weithin vernehmbares, oft pausenlos bis zu fünf Minuten anhaltendes „Spinnen", ein schnarrendes „Errörrör", das an den Vorsänger eines Froschkonzerts erinnert. Kein Laut könnte schöner die Stimmung eines Abends in einsamer Heide inmitten von Fuhren und Machandeln untermalen. Und selbst das laute Klatschen seiner Flügel, die er im Flug über dem Rücken zusammenschlägt, vermag nur die Stille zu unterstreichen, die uns in unberührter Heide umfängt.

Auf den Bau eines Nestes verzichtet der Ziegenmelker; seine Eier, zumeist zwei, legt er im Schutz von Büschen und Beerkraut auf dem kahlen Boden ab. Er verläßt sich völlig auf die Tarnfarbe seines Gefieders und der gefleckten Eier, aus denen nach 16 bis 18 Tagen die Jungen schlüpfen. Nach etwa drei Wochen verlassen sie den Brutplatz, in dessen Nähe sie noch einen Monat von den Eltern betreut werden. Gefüttert werden sie, den Jagdgewohnheiten der Alten entsprechend, nur des Nachts. Wird bereits das zweite Gelege vom Weibchen bebrütet, bevor die erste Brut selbständig geworden ist, versorgt das Männchen sie noch mit Nahrung.

Der Ziegenmelker ist ebenso neugierig wie zutraulich. Eines Abends saß ich regungslos auf einem offenen Hochsitz. Die Büchse stand griffbereit neben mir an die Brüstung gelehnt, während ich auf Sauen wartete, die seit Tagen im nahen Feld zu Schaden gingen. Das Tageslicht verblaßte, Dämmerung machte sich im Unterholz breit. Nur matt noch glänzte das silberne Korn auf dem Lauf meiner Büchse, als eine Nachtschwalbe mich umgaukelte. Immer näher flog sie mich an, und ich fragte mich, was sie dazu veranlaßte – bis sie unmittelbar vor meinem Gesicht nach dem silbernen Korn pickte, wohl um festzustellen, ob es nicht doch ein freßbares Insekt sei. Eine Weile saß sie dann neben mir auf der Brüstung des Hochsitzes, ihre ungemein großen Augen auf mich gerichtet, bevor sie ihren bald gaukelnden, bald schwebenden Flug über die vor mir liegende Kultur fortsetzte. Noch einmal kehrte sie zurück, und wieder freute ich mich über ihre Zutraulichkeit, fühlte ich mich doch in ein verlorenes Paradies zurückversetzt, in dem die Geschöpfe einander noch ohne Arg und Hinterlist begegneten.

Bis Anfang der sechziger Jahre beobachtete ich abends auf dem Heimweg vom Revier auf der durch den Wald führenden Asphaltstraße wiederholt ein halbes Dutzend Ziegenmelker. Am Tage von der Sonne aufgeheizt, lockte der noch warme Asphalt zahlreiche Nachtfalter an, eine für sie willkommene Beute. Ihre im Scheinwerferlicht rötlich phosphoreszierenden Augen ließen sie mich schon von weitem erkennen. Kam ich dann näher, umgaukelten sie meinen Wagen so nahe, daß ich behutsam fahren mußte, um sie nicht zu gefährden.

Als in den folgenden Jahren nur selten noch Ziegenmelker zu beobachten waren, glaubte man, sie seien dem Straßenverkehr zum Opfer gefallen. Es wurden auch hier und dort tote Ziegenmelker auf der Straße gefunden; die eigentliche Ursache für den Rückgang ihrer Population aber war in der Zerstörung ihres Biotops zu suchen. Nach dem letzten Krieg wurden die Wälder im Zuge von Reparationsleistungen an die Siegermächte großflächig durch Kahlschläge aufgelichtet. Damit hatte man einen dem Ziegenmelker besonders zusagenden Lebensraum geschaffen, der wesentlich zu seiner Verbreitung beitrug, bevorzugt er doch von weiträumigen Lichtungen unterbrochene sonnige Heidewälder. In Laubholzwäldern werden wir den Ziegenmelker nicht finden.

Mit der in den fünfziger Jahren einsetzenden intensiven Wiederaufforstung der Kahlflächen und dem Heranwachsen der Kulturen zu geschlossenen Dickungen wurden ihm die bis dahin so günstigen Lebensräume wieder entzogen; zwangsläufig erlosch damit sein Bestand fast völlig, und das nicht nur in unserer Lüneburger Heide.

Als dann, nunmehr in weit größerem Umfang, durch die Sturmkatastrophe vom 13. November 1972 und die verheerenden Waldbrände von 1975 und 1976 in der Heide erneut weiträumige Kahlflächen entstanden, war vorauszusehen, daß sich die Ziegenmelker in ihrem Bestand regenerieren würden. In der Tat stellten sich alsbald mehr und mehr Brutpaare ein, und man hörte zur Paarungszeit in der Abenddämmerung wieder vielerorts das eintönig melodische Spinnen der über die jungen Kulturen und um die Dickungsränder gaukelnden Ziegenmelker.

Wie nicht anders zu erwarten war, sind inzwischen auch die Sturm- und Brandflächen wieder aufgeforstet und damit abermals Lebensräume des Ziegenmelkers zumindest eingeschränkt worden. Um den Charakter der einst von Hermann Löns besungenen Heidelandschaft wenigstens noch in Teilen zu erhalten, hat man bei der letzten umfangreichen Wiederaufforstung immerhin soviel Kahlflächen ausgespart und dem Heidekraut, der *Calluna vulgaris,* überlassen, daß wir um einen gesicherten, wenn auch begrenzten Bestand an Ziegenmelkern in der Lüneburger Heide nicht bangen müssen.

Das Auf und Ab in der Population des Ziegenmelkers macht uns mehr als manches andere Beispiel deutlich, wie stark ausschließlich ökonomisches Denken zur Zerstörung der Lebensgrundlagen unserer Fauna führen kann.

Unsere Eulen

Eulen – wann bekommen wir sie schon einmal zu sehen? Zumeist erfassen unsere Augen von ihnen in abendlicher Dämmerung nur einen sanft gleitenden Schatten. Haben wir wirklich einmal das Glück, sie aus der Nähe betrachten zu können, überrascht uns ihr den Menschen verblüffend ähnliches Gesicht. Es sind ihre großen, nach vorn gerichteten und von einem Schleier umrahmten Augen, die ihnen – anders als anderen Vögeln – ein Antlitz geben. Wie wir müssen sie den Kopf wenden, wenn sie zur Seite blicken wollen, und selbst beim Lidschlag ihrer Augen klappen sie wie der Mensch das obere Lid nach unten, während andere Vögel beim Schließen der Augen das untere Lid nach oben heben.

So ist es denn kein Wunder, daß sich um sie in allen Völkern Mythen und Märchen ranken. Den einen gilt sie als Vogel der Weisheit, den anderen durch ihr nächtliches Treiben in dämonischer Bedeutung als Botin von Unheil und Tod. Verwünschte Seelen müssen in Gestalt von Eulen umherirren. In der christlichen Kunst wird die Eule gar zum Symbol falscher Weisheit und irdischer Torheit, und ein Kreuz über dem Kopf einer Eule bedeutet den Sieg des Kreuzes über die Feinde Christi. Selbst in dem wissenschaftlichen Namen *Strigidae* für die Familie der Eulen (abgeleitet von stringere = schnüren) kommt noch der Aberglaube, Eulen erstickten kleine Kinder, zum Vorschein.

Der Name „Eule" geht auf die althochdeutsche Bezeichnung „uwida", eine Diminutivform von „uwo" zurück und bedeutet „die Heulende".

Als Totenvogel ist der Steinkauz (*Athene noctua*) verschrien. Sein in der Nacht vor hellen Fenstern schauerlich klingender Ruf „Kuwitt-kuwitt" wird von abergläubischen Menschen als Unheil kündendes „Komm mit, komm mit!", als Aufforderung an Sterbende, sich auf den Tod vorzubereiten, verstanden. Nach mehr als sechzig Jahren erinnere ich mich an einen Abend, an dem ich friedlich lesend neben meinem Vater im Bett lag. Als sich auf den geöffneten Fensterflügel ein Steinkauz setzte und uns mit seinem gellenden Ruf aufschreckte, meinte mein Vater spöttisch, nun müsse wohl einer von uns sterben. Wir lebten beide am nächsten Morgen noch; ein seltsamer Zufall aber wollte es, daß in der Stunde, in der der Kauz gerufen hatte, mein Großvater gestorben war. – Als wenige Jahre später mein Bruder starb, schrie in der Nacht ein Steinkauz im Garten vor den erleuchteten Fenstern unseres Forsthauses. – Wenn auch in beiden Situationen der Ruf des Kauzes nicht ohne Eindruck auf mich geblieben war, habe ich doch weder damals noch später den zwar grimmig dreinschauenden, doch prächtig weiß gefleckten Vogel, in dem die Griechen einst den Lieblingsvogel der „eulenäugigen Athene" erblickten, als Totenvogel betrachtet oder gar gefürchtet.

Der Steinkauz gehört – im Gegensatz zu den Ohr- und Schleiereulen – zur Unterfamilie der Käuze. Weniger lichtscheu als andere Eulen, können wir ihn bei hellem Tage gelegentlich auf Leitungsmasten und Zäunen sitzen sehen. Im dichten Geäst von Bäumen und Sträuchern weiß er sich sehr gewandt zu bewegen. Typisch für ihn ist sein recht sonderbares Verhalten ihm verdächtig erscheinenden Gegenständen gegenüber; knicksend, sich duckend und streckend, betrachtet er sie eingehend und voller Mißtrauen. Als Beute dienen ihm kleinere Nagetiere und Insekten, gelegentlich auch Fledermäuse und kleinere Vögel. Erst mit einbrechender Dämmerung beginnt er zu jagen; bis zum anbrechenden Morgen bleibt er fast ununterbrochen auf Beutesuche. Ein eigenes Nest baut der Steinkauz nicht; er legt seine Eier, zumeist vier bis fünf, ohne Polsterung in Baum- und Mauerhöhlen ab. Selbst in Taubenschlägen und hinter Dachsparren können wir sein Gelege finden. Bereits im Alter von vier bis fünf Wochen sind die Jungen flügge und müssen sich alsbald nach einem eigenen Jagdrevier umsehen.

Mit einer Länge von 38 cm ist der Waldkauz (*Strix aluco*) fast doppelt so groß wie der Steinkauz. Sein in der Färbung vom warmen Braun über Gelbbraun bis zu grauer Tönung variierendes Gefieder zeigt deutlich dunkle Streifen. Lichtscheuer als der Steinkauz, bekommen wir ihn bei Tage nur selten zu sehen. Sein Ruf „Kju-wik" ähnelt dem des Steinkauzes, ist jedoch gellender und durchdringender. Während der Balz folgt diesem Ruf ein zumeist langanhaltendes „Hu-hu-u-u-u". Steinkauz und Waldkauz sind, mit Ausnahme des hohen Nordens, über ganz Europa verbreitet. Wie alle Tierkinder sind auch junge Waldkäuze von bezauberndem Liebreiz; man könnte sie für allerliebst gestrickte Wollknäuel halten, denen geschickte Hände große, dunkle Glasperlen als Augen eingesetzt haben. Drei Junge sind beim Waldkauz die Regel. Auch sie kommen in Baumhöhlen, Turmluken oder Nistkästen zur Welt; selbst in Kaninchenbauen hat man Gelege des Waldkauzes gefunden.

In seiner Größe zwischen Stein- und Waldkauz stehend, ähnelt der Rauhfußkauz (*Aegolius funereus*) in seiner Färbung dem kleineren Steinkauz. Er fällt jedoch durch seine aufrechte Haltung, seinen größeren Kopf und stärker ausgeprägten Augenschleier auf. Seine Beine sind einschließlich der Fänge weiß befiedert. Unverkennbar ist seine Stimme, eine schnelle, des Nachts wohltönende Folge von „Pu-pu-pu"-Lauten. Er nistet in Specht- und natürlichen Baumhöhlen. Sein Verbreitungsgebiet liegt weiter nördlich, als bislang angenommen; seit Jahren werden Bruten in der Lüneburger Heide beobachtet. Selbst der strenge Winter 1978/79 wurde ihnen hier nicht zum Verhängnis. Die Befürchtung, der Rauhfußkauz könnte bei der anhaltend hohen Schneelage keine Mäuse mehr schlagen und müsse daher verhungern, bestätigte sich nicht. Ausschlaggebend dafür waren die von den Jägern für das notleidende Wild mit Rüben und Körnerfutter beschickten Fütterungen, an denen sich als Beute für die Eulen genügend Mäuse einfanden.

Der kleinste Kauz – und damit die kleinste Eule Europas überhaupt – ist der Sperlingskauz (*Glaucidium passerinum*). Auch er kommt heute in der Lüneburger Heide vor und hat damit sein Verbreitungsgebiet beträchtlich weiter nach Norden über die bisher als nördliche Grenze angenommene Mainlinie ausgedehnt. Mit einer Größe von 16 cm ist er kleiner als ein Star. Seine dunkelbraune Oberseite ist wie mit weißen Perlen übersät, was ihm ein besonders schönes Aussehen verleiht. Überaus lebhaft, ist er auch als Tagjäger aktiv und schlägt kleinere Singvögel im Flug. Während der Aufzucht seiner Jungen zeigt er sich Eindringlingen, selbst Menschen gegenüber recht aggressiv. Leider ist diese besonders hübsche Eule trotz größeren Verbreitungsgebietes recht selten geworden.

Zur Unterfamilie der Ohreulen zählt die 36 cm große, über ganz Europa verbreitete Waldohreule (*Asio otus*). Infolge ihrer rein nächtlichen Lebensweise ist sie nur schwer zu beobachten. Zu erkennen ist sie jedoch sehr leicht an ihren langen, zumeist steil aufgerichteten Federohren. Vom etwa gleichgroßen Waldkauz unterscheidet sie sich obendrein durch ihre orangegelben Augen; die des Waldkauzes sind braunschwarz. Bei Tage hockt sie mit Vorliebe aufgerichtet in Stammnähe auf einem Ast; aus dieser Ruhestellung läßt sie sich auch von vorübergehenden Menschen nicht so leicht aufschrecken. Ihren Ruf, ein tiefes, seufzendes „U-u-u", dem zuweilen kläffende und klagende Laute folgen, läßt sie nur zur Balzzeit, im März/April, vernehmen. Auch sie baut kein eigenes Nest und wählt Horste von Krähen und Greifvögeln für die Eiablage, doch sind auch schon Gelege von ihr in Baumhöhlen und auf der Erde gefunden worden. Waldohreulen ernähren sich von Wald- und Feldmäusen sowie von Ratten, denen sie nach Einbruch der Dunkelheit nachstellen. Fehlt es an Mäusen, stellen sie auch kleineren Singvögeln an ihren Schlafstätten nach.

Stärker als andere Eulen ist die etwas größere Sumpfohreule (*Asio flammeus*) in ihrem Bestand bedroht. Ihr Verbreitungsgebiet erstreckt sich von Frankreich über Norddeutschland und Skandinavien bis in die paläarktische Region Asiens. Moorentwässerungen und Beunruhigung ihrer Brutgebiete durch die unbeschränkte Freigabe der Landschaft für den Massentourismus haben zu ihrem Rückgang beigetragen. Als Brutrevier bevorzugt sie Bruch- und Moorbiotope sowie nasse Wiesen, in denen sie Mäusen und anderen Kleinsäugern nachstellt. Ihr Nest, in dem sie 4 bis 7, in guten Mäusejahren gar ein Dutzend Junge aufzieht, baut sie stets auf der Erde. Im Gegensatz zu anderen Eulen richtet sie das Nest recht sorgfältig her, indem sie es mit weichen Halmen und Blättern auspolstert. Beide Eltern füttern und verteidigen ihre Jungen, wobei sie sich sehr angriffslustig zeigen und selbst Menschen aus der Nähe des Geleges zu vertreiben suchen. Typisch für sie ist ihr niedriger, schaukelnder Flug mit häufig eingeschalteten Gleitstrecken, wobei die Flügel wie bei den Weihen leicht nach oben gewinkelt sind. Von der Waldohreule unterscheidet sie sich durch eine gelblichere Färbung und kaum sichtbare Federohren. Ihr Balzflug wird, ähnlich wie bei der Waldohreule, von Flügelklatschen begleitet. Die Stimme der Sumpfohreule ähnelt einem schnaubenden, bellenden „Kiäw", die Balzlaute bestehen aus einer Strophe tiefer „Bu-bu-bu"-Rufen.

Zweimal so groß wie die Waldohreule und damit die größte europäische Eule überhaupt ist der Uhu (*Bubo bubo*). Vier bis fünf Pfund schwer, ist er imstande, Beute bis zu einer Größe von Hasen und geringen Rehkitzen zu schlagen. Seine Größe und die auffälligen Federohren schließen eine Verwechslung mit anderen Eulen aus. Noch in den ersten Jahrzehnten unseres Jahrhunderts wurde der Uhu als Feind des Niederwildes betrachtet und verfolgt. Spätestens seit 1933 genießt er völligen Schutz. 1938 wurden in Deutschland noch etwa 100 bis 110 Brutpaare gezählt. Umweltverändernde Einflüsse, wie Beunruhigung der Brutgebiete, Ausbringen von Pestiziden, Verdrahtung der Landschaft u. ä., trugen zu einem weiteren Rückgang der Uhupopulation bei. Um so erfreulicher ist es, daß von der Jägerschaft unterstützte Aktionen zur Wiedereinbürgerung des Uhus beste Erfolge zeitigten. Heute kann der Bestand in den einst natürlichen Brutgebieten des Uhus, im Rhein-Mosel-Raum, in Thüringen, in der Oberpfalz, im Bayerischen Wald, im Schwarzwald und im Harz, nahezu wieder als gesichert gelten. An Beutetieren wird es dem Uhu in den zurückgewonnenen Verbreitungsgebieten gewiß nicht fehlen; Ringeltauben, Krähen, Elstern und Häher gibt es genug. Zum Problem kann der Uhu allerdings dort werden, wo wir uns um Restpopulationen von Birk- und Auerhühnern sorgen müssen. Der Uhu nistet in Felshöhlen und hohlen Bäumen, in alten Horsten von Greifvögeln und Reihern und selbst, von Gestrüpp getarnt, auf dem Boden. Das Gelege enthält zumeist drei Eier. Die besonders in mondhellen Frühjahrsnächten vernehmbaren Lautäußerungen des Uhus reichen von dumpfen „Buhu"-Rufen über wütendes Gekicher und lauttönendes Kreischen bis zum lebhaften Fauchen. Während der Paarungszeit hallen diese Laute des Nachts in den Wäldern so schauerlich wider, daß sich dem abergläubischen Wanderer die Haare vor Entsetzen sträuben.

Wohl die farbenprächtigste und damit schönste aller Eulen ist die 34 cm große, langbeinige, oberseits goldgelbe, unterseits auf weißem Grund dunkel geperlte Schleiereule (*Tyto alba*). Ihr seidenweiches Gefieder verdichtet sich im Gesicht zu einer ungemein ausdrucksvollen Maske, dem Schleier, der ihr den Namen gab. Die auffallend kleinen Augen in der hellen, dreieckigen Maske sind von dunkelbrauner Farbe. Weniger schön hingegen ist ihre Stimme, ein schnarchendes Gekreisch, das zuweilen von zischenden, kläffenden Lauten unterbrochen wird. In Deutschland ist sie ein echter Kulturfolger, der seine ursprünglich an Felsen gebundenen Brutgewohnheiten auf die von Menschen errichteten Bauwerke übertragen hat. Sie nistet bei uns vor allem in Kirchtürmen, Burgruinen und alten Gebäuden. Wo immer es möglich ist, sollten wir diesem liebenswerten Vogel zusätzliche Nistgelegenheiten bieten, indem wir die Turmluken von Kirchen offenhalten und ihm in alten Scheunen- und Stallgiebeln Einfluglöcher öffnen. Dem einmal gewählten Brutplatz bleibt die monogam lebende Schleiereule über viele Jahre treu; auch außerhalb der Brutzeit sucht sie diesen Platz zum Schlafen auf. Bei Anbruch der Nacht begibt sie sich in geisterhaft leisem, schwankendem Flug auf die Jagd, wobei sie wenig Scheu vor Menschen zeigt und ihnen wie ein Schatten nah ums Haupt fliegt. Ihre Beute besteht aus Mäusen und Ratten, aus Fledermäusen und Maulwürfen. An Kleinvögeln vergreift sie sich nur, wenn es an Kleinnagern fehlt. BREHM bezeichnete sie noch als die am wenigsten nützliche Eule, weil sie als Nahrung die als Insektenvertilger besonders nützlichen Spitzmäuse bevorzugt. Heute wissen wir, daß jedes Geschöpf im diffizilen Haushalt der Natur seine Aufgabe hat, und haben uns vom Schaden-Nutzen-Denken früherer Zeiten längst freigemacht.

Zu den eindrucksvollsten Stunden meines Lebens als Jäger und Forstmann zählen jene, in denen ich nach abendlichem Ansitz mit meinem Hund unter dem sternenübersäten Himmel geruhsam heimwärts ging, der Mond über dem Wald stand, schwarze Wacholder zu schemenhaften Gestalten verschmolzen und kühl der Atem der Nacht mich anwehte. Wenn dann diese oder jene Eule von fern her rief oder schattenhaft über meinen Weg gaukelte, beglückte es mich, auch ihnen nahe zu sein, und nichts ließ sie mich als Dämon oder Boten des Unglücks empfinden. Unseren Wäldern würde es an Geheimnissen, an liebenswert mystischen Rätseln fehlen, gäbe es in ihnen keine Eulen mehr.

Nur eine Weinbergschnecke

Würde mir in meiner Jugend jemand gesagt haben, mich werde in 60 oder 70 Jahren der Anblick einer Weinbergschnecke begeistern, hätte ich für den merkwürdigen Propheten gewiß nur ein ungläubiges Lächeln übrig gehabt. Schnecken gab es in jedem Wald, in jedem Garten, an jedem Ufer, Feldrain und Graben. Da waren die fünfzehn Zentimeter langen nackten, schleimigen Wegschnecken, ziegelrot, dunkelbraun oder schwarz, je nach den Außenweltbedingungen, unter denen sie leben. Sie scheinen keine Feinde zu haben, und die Wissenschaftler wußten lange Zeit nicht, warum das so ist. Bis Hermann Löns, vorwitzig und wissenshungrig wie er war, eine der schwarzen Wegschnecken in den Mund nahm. Kaum hatte er sie auf der Zunge, war für ihn das Rätsel gelöst: Ihr Schleim war so bitter, daß er sie wieder ausspucken mußte.

An Grabenrändern fanden wir Buben die Bernsteinschnecke, die ihren Namen der durchsichtigen, bernsteinfarbenen Schale ihres Gehäuses verdankt. Im Gebüsch feuchter Feldraine und im Garten stöberten wir Hain- und Gartenschnecken auf und freuten uns am Anblick unserer größten heimischen Schnecke, der mit einem vier Zentimeter breiten Gehäuse ausgerüsteten Weinbergschnecke. Tupften wir sie mit dem Finger an, zog sie ihre Stielaugen ein. Um sie wieder aus ihrem Haus zu locken, sangen wir Kinder solange einen uns von den Alten übernommenen Vers, bis sie uns, wohl keine Gefahr mehr fürchtend, den Gefallen tat, sich wieder in ihrer stattlichen Länge zu präsentieren:

> Schnick, schnack, schnüür,
> wies mi dien Gehüür!

Wenn du't mi nich wiesen willst,
schmiet ick di in'n Graben,
fräten die de Raben.
Schnick, schnack, schnüür,
wies mi dien Gehüür . . .

und so fort in endloser Litanei, bis sich der vermeintliche, gewiß
nicht auf den Gesang zurückzuführende Erfolg einstellte. Als
„Gehüür" (Gehör) bezeichneten wir die hörnerartigen, einstülp-
baren hohlen Fühler, auf denen die wenig leistungsfähigen
Augen der Schnecke sitzen; hören kann sie mit den Fühlern
nicht.

In der Wildnis groß geworden, noch nicht durch Fußball und
Fernsehen von den Wundern der Natur abgelenkt, wetteiferten
wir als Söhne von Förstern und Dorfschullehrern miteinander, in
die Geheimnisse unserer Umwelt einzudringen. Ungezählte
Schneckenarten lernten wir kennen.

Da gab es in allen Bächen, Tümpeln und Teichen die merkwür-
dige Sumpfdeckelschnecke, die bei Gefahr ihr Haus mit einem
Schalendeckel verschließt. Im Gegensatz zu den an Land leben-
den Lungenschnecken besitzt sie Kiemen für ihr ausschließliches
Leben im Wasser. Welche Faszination ging allein von ihr aus! Im
Winter fanden wir sie im Eis eingefroren; unbeschadet überlebt
sie hier die kalte Jahreszeit. Vergeblich suchten wir im Frühjahr
nach der Paarungszeit ihren Laich, bis mein Vater uns die
Beobachtung machen ließ, daß sie zu den lebendgebärenden
Tieren zählt.

Da waren die vielen Schlammschnecken mit ihrem zugespitzten,
gewundenen Gehäuse, die als Lungenschnecken von Zeit zu Zeit
an die Wasseroberfläche steigen müssen, um ihre Atemhöhle mit
frischer Luft zu füllen. Den Schlammschnecken verwandte Arten
lebten verborgen in den großen Seen; nur selten bekamen wir sie
zu sehen, halten sie sich doch unter Wasser auf und atmen dort
durch die Haut.

Als eine rätselhafte Laune der Natur erschien es uns, daß das
Gehäuse der Großen Schlammschnecke stets rechtsgewunden,
das der in moorigen Waldtümpeln lebenden Blasenschnecke
hingegen stets linksgewunden ist. Wir suchten nach einer Erklärung dafür und fanden sie doch nicht.

100

Noch viele Schneckenarten, die wir vor fünfzig Jahren noch überall fanden, ließen sich aufzählen. So die flache Tellerschnecke, die große Posthornschnecke, deren Gehäuse drei Zentimeter Durchmesser erreicht, die kleine horngelbe Leberegelschnecke und wie sie sonst noch heißen mögen. Heute müssen wir glücklich sein, überhaupt noch eine Schnecke beobachten zu können.

Kürzlich rühmte sich unsere in der Südheide gelegene Gemeinde einiger hier noch vorkommender Tier- und Pflanzenarten, z. B. Rohrdommel, Kreuzotter, Weißstorch, Schwarzstorch, Wollgras, Enzian und Sonnentau, und schloß daraus in ihrem Gemeindeblatt wörtlich: „In unserer Umgebung ist also die Natur noch in Ordnung." Welch ein Trugschluß!

Wo zum Beispiel sind die Schmetterlinge, die Libellen, die Molche, die Kröten, die einst unzähligen Insekten, das Birkwild, die Brachvögel, die Rebhühner geblieben, wo der rote Klatschmohn, die blaue Kornblume, das Blütenmeer der Wiesenblumen? Und nicht zuletzt: wo die vielen Schneckenarten? Wer glaubt, daß hier die Natur noch in Ordnung sei, hat nicht ihre noch vor einem halben Jahrhundert so großartige Vielfalt erlebt.

Arm sind wir geworden, so arm, daß mich hier der unerwartete Anblick einer Weinbergschnecke faszinierte. Nach Hause lief ich, um meine Kamera zu holen, um dieses seltene Exemplar im Bild festzuhalten. Das Lächeln über den eingangs erwähnten fiktiven Propheten war mir vergangen, wie überhaupt das Lachen im Bewußtsein unserer ausgeplünderten Landschaft.

Nur eine Weinbergschnecke! Was alles aber beschwor sie in mir herauf! Eine glückliche Jugend an gleißenden Seen, in weiten Wäldern, in Bruch und Ried, in Moor und Heide.

Und ihr Leben selbst: Erst nach der Eiszeit, als ein trockenes, warmes Klima in unseren Breiten herrschte, wanderte sie aus dem Südosten ein. Wo immer sie genügend Wärme und ein wenig Kalk für den Aufbau ihres Gehäuses fand, eroberte sie sich neue Siedlungsgebiete. Später wurde ihre Verbreitung durch die Klöster gefördert; die Mönche hatten sie als Fastenspeise entdeckt. Hier und dort weist sie noch auf längst verschwundene Klöster hin.

Ihren Namen verdankt sie ihrer Vorliebe für Weinberge, in denen sie auf kalkhaltigen Böden die ihr zusagende Wärme findet. Hält die sommerliche Hitze zu lange an, zieht sie sich in ihr Schneckenhaus zurück und verschließt es, um keine Körperflüssigkeit zu verlieren, mit einem dünnen, aus getrocknetem Schleim bestehenden Häutchen. Ihre Aktivität auf ein Mindestmaß herabsetzend, verfällt sie in einen Sommerschlaf, bis wiederum feuchte Witterung sie zur Nahrungssuche treibt. Als reiner Kräuterfresser vergreift sie sich nur selten an Pilzen.

Ende Juli, Anfang August gräbt die Weinbergschnecke in mehrstündiger Arbeit in humosen Erdboden ein recht tiefes Loch, in das sie ihre erbsengroßen weißen Eier ablegt, etwa alle halbe Stunde ein Ei. Nach der Eiablage verschließt sie das etwa 60 Eier enthaltende Gelege mit Erde. Nach 30 Tagen schlüpfen die jungen Schnecken.

Im Oktober bereiten sich die Weinbergschnecken auf die Überwinterung vor, sie werden träge und fressen nicht mehr. Oft zu größeren Gesellschaften vereinigt, verkriechen sie sich unter Moos und Laub. Ihr Gehäuse verschließen sie mit einem aus erhärtendem Schleim gebildeten Schalendeckel, der nur noch ein winziges Atemloch freiläßt. Je kälter es wird, desto tiefer ziehen sie sich, weitere Deckel bildend, in ihr Haus zurück. Durch isolierende Luftschichten voneinander getrennt, können so bis sechs derartige Schutzwände gebildet werden.

Erst ein halbes Jahr später erwachen sie aus ihrem Winterschlaf.

Ihre Feinde sind zahlreich. Krähen, Elstern und Stare zerschlagen an Steinen ihr Gehäuse, um sie zu verzehren. Dachs, Igel und Maulwurf stellen ihr nach. Unter den Insekten sind es vor allem Maulwurfsgrillen, Puppenräuber und Aaskäfer, denen sie zum Opfer fällt. Sie alle aber konnten ihren Bestand nie gefährden, erst der Mensch entzog ihr durch Vernichtung der ihr als Nahrung dienenden Wildkräuter weiterhin die Lebensgrundlage.

Weinbergschnecken werden in großen Mengen in sogenannten Schneckengärten gezüchtet und gemästet. Als Delikatesse kommen sie im Herbst nach dem „Eindeckeln" zum Versand und werden vorwiegend nach Frankreich und Spanien verschickt. Um die Jahrhundertwende wurden allein aus der Umgebung von Ulm jährlich etwa vier Millionen Schnecken als Handelsware exportiert.

Nein, vom Aussterben sind die Weinbergschnecken nicht bedroht. Dafür sorgt schon das gute Geschäft, das man mit ihnen machen kann. Doch was besagen uns schon gezüchtete Schnekken! Wir möchten sie wieder dort in freier Wildbahn sehen, wo sie von Natur aus zu Hause sind und wo man ihnen, wie vielen anderen Geschöpfen, die Lebensgrundlagen zerstört hat.

Auch der Feuersalamander ist selten geworden

Der Feuersalamander gehört zur Familie der Schwanzlurche und ist gewiß ihr schönster Vertreter. Seine goldgelbe Fleckung hebt sich plastisch von der schwarzen, wie Lack glänzenden, lederartigen Haut ab. Nur wenige unserer heimischen Wildtiere zeigen eine so unsymmetrische, bei keinem Exemplar in gleicher Verteilung sich wiederholende Zeichnung.

Bereits im Altertum war der Feuersalamander Gegenstand vieler Fabeln. Man hielt ihn für äußerst giftig und glaubte, mit ihm Feuer löschen zu können. Wegen seiner goldgelben Zeichnung sahen Alchimisten in ihm ein mögliches Ingrediens, mit Hilfe dessen sie den alten Traum der Menschen, Gold zu machen, verwirklichen zu können glaubten.

Von diesen Mutmaßungen unserer Vorfahren trifft nur die Giftigkeit des Feuersalamanders zu, doch ist auch sie nicht besonders folgenschwer; das in den Drüsen des Salamanders besonders zu beiden Seiten des dicken Halses enthaltene Gift, das Salamandrin, erzeugt zwar bei kleineren, ihm als Beute dienenden Tieren das Zentralnervensystem lähmende, zum Tod führende Krämpfe, auf den Menschen aber wirkt es – vom Salamander verspritzt – nur als ätzendes Hautgift. Gefährlich kann es für den Menschen nur in starker Konzentration werden, zum Beispiel als reines Salamandrin, ein mittels Alkohol aus dem Drüsensekret gewonnener Extrakt, der ähnlich dem Strychnin wirkt.

In früherer Zeit bediente man sich dieses Extrakts als Pfeilgift; heute verfügen die Menschen über wirksamere Mittel, sich gegenseitig umzubringen. Plinius, im ersten Jahrhundert unserer Zeitrechnung lebend, berichtet vom Salamander, daß dieser durch die Vergiftung von Pflanzen und Brunnen ganze Völker morden konnte. Gewiß eine märchenhafte Übertreibung, in der jedoch ein Körnchen Wahrheit steckt, wenn man um die Verwendung des Salamandrins als tödliches Pfeilgift weiß.

Heute dürfte es schwerfallen, in unseren Wäldern genügend Salamander zu finden, um aus ihrem Drüsensekret ausreichende Giftmengen für die Beseitigung lieber Mitmenschen zu gewinnen. Allzu häufig trifft man in unserer Landschaft den Feuersalamander nirgends mehr an; nur in ihm besonders zusagenden Biotopen, wie feuchte, dunkle Gebirgstäler und düstere Wälder, in denen er Unterschlupf in Schluchten, Wurzelhöhlen und Bauen anderer Tiere findet, kommt er noch relativ oft vor.

In Deutschland ist er mit zwei Rassen vertreten. In Westdeutschland, wie auch in Frankreich, finden wir den gestreiften Feuersalamander (*Salamandra s. taeniata*), dessen gelbe Fleckung in Längsstreifen verläuft; im übrigen Deutschland sowie in Mittel- und Südeuropa ist der gefleckte Feuersalamander (*Salamandra s. salamandra*) beheimatet. Beide Rassen sind etwa 15 bis 20, seltener bis 30 cm lang. Ihre Nahrung besteht aus Weichtieren, Würmern, Spinnen und Insekten.

Als Junge hielt ich in einem Terrarium zwei Feuersalamander zusammen mit Eidechsen und Blindschleichen, was heute übrigens grundsätzlich verboten wäre. Während ich zu letzteren kein vertrautes Verhältnis gewann, ließen sich die Feuersalamander von mir füttern. Regenwürmer und Spinnen fraßen sie mir aus der Hand, solange es sich dabei um lebende, sich bewegende Beute handelte; tote Nahrung verschmähten sie. Da ich behutsam mit ihnen umging, lief ich auch nie Gefahr, Hautverätzungen durch ihr Drüsengift davonzutragen. Wissenschaftliche Versuche haben ergeben, daß Feuersalamander zwar ihr Gift willkürlich durch Pressung der Ringdrüsen verspritzen können – im Gegensatz zu Kröten, bei denen es dafür eines auf sie ausgeübten mechanischen Druckes bedarf –, daß sie das aber nur tun, wenn sie sich in Gefahr gebracht sehen.

Recht merkwürdig ist die Fortpflanzung der Feuersalamander. Etwa 9 bis 10 Monate nach der Paarung setzt das Weibchen im Frühjahr 10 bis 40 zwei bis drei Zentimeter lange Larven in kalten, seichten Quellgewässern ab. Hier befreien sie sich sofort von der sie bei der Geburt noch umhüllenden Eihaut. Da der Feuersalamander im eigentlichen Sinn weder Eier legt noch lebendgebärend ist, nennt man ihn im Hinblick auf den Geburtsvorgang „ovovivipar", das heißt „aus dem Ei sogleich als Larve entwickelt hervorgehend". Erfolgt die Geburt der Nachkommenschaft frühzeitig genug, verwandeln sich die Larven noch im gleichen Jahr unter Verlust ihrer Kiemen zu landgebundenen Salamandern.

Der Feuersalamander steht unter Naturschutz. Wo immer er noch beheimatet ist, sollten wir ihm seine Umwelt so erhalten, daß sein Fortbestand gesichert bleibt.

Altweibersommer

Mit dem Herbst beginnt nicht nur für uns Jäger die schönste Zeit des Jahres. Mit uns freuen sich ungezählte Menschen an den goldenen Tagen, die uns der ausklingende Sommer mit Sonne, blauem Himmel und einer Farbenpracht schenkt, wie keine andere Jahreszeit sie uns leuchtender zu bereiten vermag:

Der Holunder biegt sich unter der schweren Pracht seiner dunkelvioletten Beeren, wie Korallen leuchten die Früchte der Ebereschen, das Laub der Birken, Buchen und Eichen nimmt goldfarbene Töne in unbegrenzten Abstufungen an, der Himmel erscheint uns höher als in jeder anderen Jahreszeit, leiser Wind trägt uns das erdige Aroma umgebrochener Äcker, den herben Geruch modernder Blätter und Pilze, von den Seen her den würzigen Duft von Teer und Tang, von Rohr und Ried zu.

Altweibersommer ist es!

„Der Sommer fliegt fort", sagen sie im Dorf, wenn im Sonnenschein über Felder, Wiesen und Waldblößen feine weiße Fäden glitzernd durch die Luft ziehen, als lange Fahnen an Bäumen und Sträuchern hängen oder als weiße Flöckchen vom nächsten Lufthauch weitergetrieben werden. Gespinste von Elfen und Zwergen oder gar von Schicksalsgöttinnen sind es, glaubten die Alten. „Die Metten, die Nornen, haben gesponnen", sagten sie und nannten den Herbst „Mettgensamer" oder „Mädchensommer". Unter dem Einfluß des Christentums dann bezogen sie den Altweibersommer auf Maria und bezeichneten das vom leisen Wind getragene Gespinst als „Mariengarn" und „Frauensommer". In Frankreich nennen sie es noch heute, sich gleichfalls auf Maria beziehend, „fils de la Vierge" (Garn der Jungfrau). Als

„Witwensömmerli" und „Änlsummer" bezeichnet man in der Schweiz und in Bayern den Altweibersommer und deutet damit auf die späte Liebe älterer Frauen hin, die nur an seltenen, besonders schönen Herbsttagen erblüht.

So reizend diese Legenden, Gleichnisse und Märchen auch sind – das dem Altweibersommer zugrundeliegende biologische Geschehen ist nicht weniger wunderbar. Junge Feldspinnen, insbesondere Krabbenspinnen (Thomisidae), sind es, die ihr leichtes Gespinst an schönen Herbsttagen weben. Längst vor den Menschen haben sie die Technik des Segelfluges entwickelt. Zumeist auf erhöhter Stelle sitzend, lassen sie aus ihren Spinnwarzen einen dünnen Faden hervorquellen, dessen Anfang sie am Boden befestigen. Weiter spinnend, bilden sie immer längere Schlingen aus, an denen jeder Luftzug zerrt. Sind die Fäden genügend lang, klammern sie sich an dem Gespinst fest, beißen das am Boden befestigte Ende ab und fliegen mit dem Gespinst durch die Luft davon. Selbst das Landen vermögen sie zu lenken; im Flug klettern sie an den Fäden empor und wickeln sie mit den Füßen zu einem Flöckchen zusammen, das sich – nun kompakter geworden – gehorsam zur Erde hin senkt.

Der seit altersher als „Altweibersommer" bezeichnete Segelflug der kleinen Feldspinnen dient der Verbreitung ihrer heute leider durch Insektizide bedrohten Art. Wo immer wir noch Zeuge der wunderbaren Technik der Feldspinnen werden, sollte uns das Gewissen schlagen, nicht weiterhin die Natur und mit ihr die tausend Wunder zu zerstören, die sie uns in so reichem Maße zu schenken vermag.

Weissagung und Wirklichkeit, Wunder und Wahrheit ist der Altweibersommer, und ehrfürchtig und staunend sollten wir vor diesem zauberhaften Ergebnis der Schöpfung verharren.

Herbst

Der Park ist laut;
in seinen Bäumen
verdrossne Winde
sich versäumen,
sich bange Vögel
klagend wiegen,
bevor sie
aus dem Sommer
fliegen.

Und Menschen
gehen durch den Park;
auch sie sind Mund
und möchten klagen,
und sind sie blaß
und ohne Mark,
so sind sie doch Gesicht
und möchten fragen:
Wohin – und wann?

Vom Licht verlassen
liegt die Sonnenuhr.
Oh, wäre einer nur
von all den Blassen,
der sagen kann:

Wer jetzt nicht geht,
wird niemals gehn
und hat
den Sommer auch
verloren
und alle Früchte
vor den Toren,
durch die er
in den Sommer
ging.

Die Zeit ist da!
Herr,
zeige uns die Straßen,
die uns
aus unsrer Zeit
entlassen,
darüber
soviel Hoffnung
hing!

Begegnungen mit Kreuzottern

„Schlange ist Schlange", sagten sich vor etlicher Zeit die Einwohner eines vielbesuchten Badeortes und schlugen tot, was ihnen an entsprechenden Reptilien vor den Knüppel kam: Die Kurverwaltung hatte Prämien für die Vertilgung der verrufenen Kreuzottern ausgesetzt.

Was dabei herauskam, spiegelt die beschämende Unkenntnis weiter Kreise unserer Bevölkerung wider. Tausende von Kreuzottern wurden der Verwaltung zur Prämienzahlung abgeliefert. Einem versierten Zoologen des Badeortes kamen diese Zahlen so unwahrscheinlich vor, daß er sich die Ausbeute eines Tages zeigen ließ: Von 202 erschlagenen „Kreuzottern" waren 160 Exemplare in Wirklichkeit harmlose, nicht zu den Schlangen, sondern zu den Echsen zählende Blindschleichen und 22 Exemplare waren Ringelnattern. Nur die restlichen 20 Schlangen erwiesen sich als Kreuzottern. Gottlob ist es heute verboten, Prämien für die Vernichtung von Kreuzottern auszusetzen!

Ist die Kreuzotter *Vipera berus* wirklich ein so gefährliches Reptil, daß man sie rücksichtslos erschlagen muß?

Noch der Altmeister BREHM schrieb:

„Bei keinem deutschen Tier ist die rücksichtsloseste, unnachsichtigste Verfolgung in demselben Grade gerechtfertigt wie bei ihr. Fünfzig Fälle sind in den letzten Jahren verzeichnet worden, daß Menschen an den Folgen eines Bisses einer Kreuzotter starben, und ebenso viele mögen durch Schlangen den Tod gefunden haben, ohne daß es zur allgemeinen Kunde gelangte."

Realistischer war da schon der Wissenschaftler LINCK. Er nahm an, daß in Deutschland jährlich allenfalls zwei Menschen durch den Biß einer Kreuzotter sterben, während etwa 40 bis 50 Menschen zwar gebissen, schließlich aber doch gerettet werden.

Zeitungsmeldungen über Todesfälle durch Kreuzotterbisse treffen nur selten zu. Eine Überprüfung derartiger Meldungen ergab, daß sich von vier Mitteilungen nur eine bestätigte. 1927 bis 1935 wurden in Preußen 604 Kreuzotterbisse registriert, nur fünf Fälle davon verliefen tödlich.

Unbestreitbar ist die Kreuzotter gefährlich. Die Wahrscheinlichkeit aber, von ihr getötet zu werden, ist gering. Inzwischen ist die Kreuzotter so selten geworden, daß nur selten noch ein Mensch von ihr gebissen wird.

Über 50 Jahre war ich als Forstmann fast täglich im Revier. Bis vor etwa 15 Jahren war es keine Seltenheit, in der Heide einer Kreuzotter zu begegnen. Um so erfreuter war ich, vor wenigen Wochen endlich einmal wieder die *Vipera berus* in Anblick zu bekommen; es war ein junges, allenfalls 20 cm langes Exemplar. Stets Stiefel tragend, habe ich nie etwas von Kreuzottern zu befürchten. Ich hörte ihr warnendes Zischen, das sie mich noch immer entdecken ließ, bevor sie – nicht angreifend, sondern stets aus der Verteidigung heraus – mit ihren Giftzähnen zuschlagen konnte.

Angst mußte ich nur um meine Hunde haben. Sie wurden mehrmals von Kreuzottern gebissen.

Eine Teckelhündin überstand den Biß in die Lefzen überraschend gut; ihr Kopf schwoll einseitig zwar stark an, aber die Schwellung klang ohne weitere Behandlung bereits nach kurzer Zeit wieder ab. Übler erging es einem Rauhhaarteckel. Schwere Kreislaufstörungen, starke, das Fell vom Kopf bis zu den Lenden fingerbreit auftretende Ödeme, Durchfall und Fieber ließen das Schlimmste befürchten. Nach mehrtägiger tierärztlicher Behandlung gelang es wider Erwarten, ihn doch noch zu retten.

Die unterschiedliche Reaktion beider Hunde auf den Biß der Kreuzotter war wohl auf die unterschiedliche Giftmenge zurückzuführen, die ihnen injiziert worden war. Von Kreuzottern, die kurz zuvor Beute gemacht haben, darf man annehmen, daß ihre Giftdrüsen weniger Gift enthalten, als die der seit längerer Zeit hungernden Exemplare.

In meiner seenreichen Heimat Mecklenburg war die Kreuzotter sehr stark vertreten. Hier mußten sogar die Bauern um ihre Kühe bangen, solange diese noch nach alten Rechten auf die Waldweide getrieben wurden. Nicht gerade selten kam es vor, daß sich eine Kuh ausgerechnet auf eine Kreuzotter niedertat und ins Euter gebissen wurde. Derartige Kühe, deren gefährliche Verletzung stets zu spät erkannt wurde, waren im allgemeinen verloren.

Tageszeitlich ist die Kreuzotter in den Morgenstunden, wenn sie nach kühler Witterung noch halb erstarrt in der Sonne liegt, am gefährlichsten. In diesem Zustand vermag sie nicht wie sonst, bei jeder Gefahr zu entfliehen. Zur Verteidigung aber ist sie auch in dieser Situation durchaus fähig.

In meiner Jugend wurde ein Mitschüler von mir das Opfer einer Kreuzotter – mehr noch das Opfer seines grenzenlosen Leichtsinns. Er hatte im Moor eine erstarrte „Höllenviper" – eine fast schwarze Spielart der Kreuzotter, deren Zickzackband nur schwer zu erkennen ist – gefunden, sie in die Tasche seiner Jacke gesteckt und mit nach Hause genommen. Dort angekommen, legte er sich die Schlange um den Hals; er wollte damit vor seiner kleinen Schwester angeben. Die inzwischen durch seine Körperwärme erwachte Kreuzotter biß ihn in den Hals. Nach schweren Kreislaufstörungen starb der Junge.

Es bedarf schon einer guten Portion Leichtsinnigkeit, um von einer Kreuzotter wirklich in Gefahr gebracht zu werden. Dazu gehört es auch, mit Halbschuhen ein Gelände aufzusuchen, in dem man mit Kreuzottern rechnen muß. So unzulänglich geschützt, wurde ein junger Kollege von mir in einem benachbarten Revier von einer Kreuzotter in den Fuß gebissen. Er selbst hatte die Schlange nicht bemerkt und glaubte, sich an einem Ast gestoßen zu haben. Einer erfahrenen Waldarbeiterin war es zu verdanken, daß der Biß alsbald erkannt und der Kollege noch rechtzeitig in ein Krankenhaus eingeliefert wurde.

Noch um die Jahrhundertwende galten Branntwein, Kognak oder Rum, in großen Mengen genossen, als beste Mittel gegen die Folgen eines Kreuzotterbisses. Angeblich spürte der Gebissene dabei nichts von seinem Alkoholrausch. Das Aussaugen der Bißwunde ist auch heute noch als erste Hilfe zu empfehlen, sofern man keine Wunde an den Lippen oder im Mund hat. Ärztliche Hilfe braucht man jedoch in jedem Fall! Üblich war es auch, sich vor der Behandlung durch einen Arzt einen kleinen, glatten Stein fest auf die Bißwunde zu binden, um die Blutzirkulation zu unterbinden. Das Ausschneiden oder Ausbrennen der Bißwunde wurde ebenfalls als erste Maßnahme empfohlen. Heute haben wir im Schlangenserum ein wirksames Mittel, den Folgen eines Kreuzotterbisses zu begegnen; wesentlich dabei ist es, frühzeitig genug einen Arzt aufzusuchen.

Die Kreuzotter zählt wegen des Vertilgens von Mäusen zu den nützlichsten Schlangen unserer Heimat. Vielfach hat sich erwiesen, daß dort, wo sie vernichtet wurde, die Mäuseplage zum Schaden der Landwirtschaft erheblich zunahm. Dem Jäger sollte sie trotz gelegentlicher Gefährdung seiner Hunde willkommen sein, hält doch die Furcht vor ihr viele Menschen davor zurück, in die heimlichsten Winkel unserer Wälder und Heiden einzudringen.

Nicht die unmittelbare Verfolgung – das Totschlagen einzelner Exemplare – hat zum verheerenden Schwund der Kreuzotter geführt und auch nicht die Vielzahl ihrer natürlichen Feinde, wie Igel, Iltisse und Bussarde. Das alles hätte ihnen wenig Abbruch getan. Erst der Einsatz von Herbiziden und Insektiziden, die Entwässerung der Moore und die Zersiedlung der Landschaft haben ihren Lebensraum so weitgehend zerstört, daß sie heute vielerorts selten geworden ist.

Laßt uns die Kreuzottern in ihren letzten Exemplaren erhalten! Noch immer zählen sie mit ihrer magischen Anmut, mit ihrem giftschönen Charme zu den eindrucksvollsten Geschöpfen unserer Moore, Wälder und Heiden.

Siebenschläfer – was sagt uns diese Bezeichnung?

Woran denken wir, wenn von „Siebenschläfern" die Rede ist?

Der mit christlichen Mythen vertraute Leser wird sich an die sieben Heiligen Maximianus, Malchus, Martinianus, Dionysius, Johannes, Serapion und Konstantinus erinnern, die unter dem Begriff „Siebenschläfer" in die Legende eingegangen sind. Der Sage nach verbargen sie sich anno 251 während der Zeit der Christenverfolgung in einer Höhle bei Ephesus, wo sie – von ihren Verfolgern eingemauert – in tiefen Schlaf verfielen, aus dem sie erst 446 unter Kaiser Theodosius wieder erwachten. Nachdem sie vor dem Kaiser und dem Bischof Martin von Ephesus das Wunder ihres fast zweihundert Jahre andauernden Schlafes bezeugt hatten, entschliefen sie alsbald für immer.

Im Volksglauben gilt seit Jahrhunderten der 27. Juni unter der Bezeichnung „Siebenschläfer" als sog. „Lostag", an dem sich das

„Los" der zu erwartenden Witterung für längere Zeit entscheidet. Fällt an diesem Tag Regen, soll es nach dem Volksglauben auch in den nächsten sieben Wochen noch regnen – eine Prognose, die weder meteorologisch begründet ist noch durch die Erfahrung bestätigt wird.

Für den Biologen zählen die Siebenschläfer, auch „Bilche" genannt, zu den Schlafmäusen. Mit ihnen wollen wir uns hier befassen. Von den alten Römern ist uns überliefert, daß sie die Siebenschläfer (*Gilis glis*) – zu ihrer Familie gehören der Baum- und der Gartenschläfer sowie die Haselmaus – besonders zu schätzen wußten. Sie züchteten sie in irdenen Gefäßen, den „Glinarien", und mästeten sie mit Eicheln und Kastanien – nicht aus Liebhaberei, sondern um sie als Leckerbissen zu verzehren. Noch in unserem Jahrhundert wurden Bilche in den südosteuropäischen Ländern gegessen.

Mit 18 cm Körper- und 13 cm Schwanzlänge ist der Siebenschläfer der größte Vertreter der Schlafmäuse. Sein weiches Fell, noch heute auf dem Balkan als Pelz begehrt, ist auf dem Rücken einfarbig aschgrau, an den Seiten etwas heller gefärbt und unterseits milchigweiß-glänzend. Um die großen Augen, die ihn als ausgesprochenes Nachttier ausweisen, zieht sich ein dunkelbrauner Ring. Siebenschläfer sind hervorragende Kletterer, die sich in Büschen und Bäumen geschickt zu bewegen wissen.

Ihre eigentliche Heimat liegt in Mittel-, Süd- und Osteuropa, doch sind sie auch in Deutschland keineswegs selten. Noch vor einigen Jahren war der einschlägigen Presse zu entnehmen, daß sich die Siebenschläfer im Bereich der Stuttgarter Forstdirektion sehr stark vermehrten. Von rund 50 000 für höhlenbrütende Vögel angebrachten Nistkästen waren nicht weniger als 4 500 von Bilchen als Schlaf- und Aufzuchthöhlen besiedelt worden. Im Bereich der Forstdirektion Heilbronn fand man in 62 Nistkästen 561 Siebenschläfer, im Forstbezirk Vaihingen war jeder dritte Nistkasten von Bilchen besetzt worden. Bereits in früheren Jahren wurden Massenvermehrungen von Siebenschläfern beobachtet, so im Chemnitztal, wo man in Starenkästen 24 alte und 56 junge Bilche fand. Im Vogelschutzgebiet des Deisters waren sie zeitweise so häufig vertreten, daß sie durch die Inbesitznahme der Nistkästen lästig wurden.

Wir sprechen heute ungern von der Schädlichkeit eines Tieres. Es läßt sich jedoch nicht leugnen, daß die Siebenschläfer, insbesondere bei Massenvermehrungen, durch das Benagen der Rinde im Wipfelbereich von jungen Lärchen, Kiefern und Buchen beträchtliche Schäden anrichten können und in ihrer Gefräßigkeit nicht davor zurückschrecken, die Nester von Singvögeln zu plündern. Wo sie örtlich in großer Zahl auftreten und dementsprechend Schäden verursachen, sollten wir ihren natürlichen Feinden, wie Marder, Dachs, Iltis, Habicht und Eule, besonderen Schutz angedeihen lassen. Da sie ganzjährig geschützt sind, dürfen wir diese possierlichen Schlafmäuse selbst nicht verfolgen. Im übrigen besteht ihre Hauptnahrung aus Eicheln, Bucheckern und Haselnüssen, doch werden auch Walnüsse, Kastanien und Obst von ihnen nicht verschmäht. Im Herbst speichern sie entsprechende Vorräte in ihren Winterhöhlen.

Bereits Anfang Oktober suchen sie tiefe Erdlöcher, Baumhöhlen oder Felsspalten auf, in denen sie zumeist in größerer Zahl den Winter verbringen. Ihr Schlaf ist während dieser Zeit so tief, daß man sie in die Hand nehmen kann, ohne sie aufzuwecken. Erst im April kommen sie wieder zum Vorschein. Ihr rund sieben Monate anhaltender Winterschlaf trug ihnen den Namen „Siebenschläfer" ein.

Nach etwa vierwöchiger Tragezeit wirft das Weibchen ein- bis zweimal jährlich 3 bis 7 nackte Junge, die blind zur Welt kommen und außerordentlich schnell heranwachsen; kaum drei Monate alt, gehen sie bereits selbst auf Nahrungssuche. Ihre Lebensdauer beträgt etwa acht Jahre. Als nachtaktive Tiere bekommen wir sie nur selten zu Gesicht. Dennoch bereichern sie unsere Landschaft, und wir können es nur begrüßen, daß sie ganzjährig geschützt sind.

Neben dem Siebenschläfer zählen zur Familie der Schlafmäuse der etwas kleinere, vorwiegend in Laubwäldern lebende Baumschläfer, der in Wäldern und Gärten beheimatete Gartenschläfer und als zierlichster Vertreter seiner Gattung die in Park- und Buschlandschaft beheimatete Haselmaus. Wenn auch von recht unterschiedlicher Größe, ähneln die Schlafmäuse einander sehr.

„Siebenschläfer" – einmal sind es sieben Heilige, dann verstehen wir darunter ein Datum (27. Juni) mit einer durch nichts bewiesenen Wetterprognose, dann wieder kennen wir sie als heimliche Nachttiere, die wir nur selten zu sehen bekommen. Nichts als den Namen haben sie miteinander gemeinsam – es sei denn, daß uns alle „Siebenschläfer" in ihrer jeweiligen Aussage faszinieren.

Der Hamster,
ein ungeselliger Einzelgänger

„Wo der Bauer sät, erntet der Hamster", heißt es im Volksmund, doch kommt er nicht überall vor und es ist recht schwierig, sein Verbreitungsgebiet in Deutschland abzugrenzen. In Thüringen und in der Magdeburger Börde kommt er häufiger vor; im Fichtelgebirge, in der Rhön, in Schleswig-Holstein und in Teilen Niedersachsens fehlt er gänzlich. Als reines Steppentier bevorzugt er Höhenlagen unter 400 Metern und Standorte, auf denen er dauerhafte Baue zu graben vermag; sandige und nasse Böden meidet er ebenso wie reine Fels- und Waldgebiete. Beobachtungen deuten auf seine anhaltende Verbreitung vom Osten nach Westen hin. Bereits vor der Eiszeit in ganz Mitteleuropa verbreitet, von ihr jedoch nach Osten abgedrängt, befindet er sich offensichtlich, über einen langen Zeitraum gesehen, auf dem Rückweg in seine alten Lebensräume.

Sein Winterbau liegt in ein bis zwei Meter Tiefe; der des Weibchens im allgemeinen etwas tiefer als der des Männchens. Beide Geschlechter leben, bis auf die Paarungszeit, getrennt voneinander. Die Baue der Männchen weisen im Gegensatz zu denen der Weibchen zumeist nur ein senkrecht in die Wohnkammer führendes Falloch auf. Neben der Wohnkammer liegen, mit ihr durch einen Gang verbunden, die Vorratsräume, in die der Hamster im Herbst bis zu 15 Kilogramm Getreide einträgt.

Auch wenn der Hamster sich im Winter in seinem Bau keinem ausgesprochenen Dauerschlaf hingibt, muß man ihn doch als echten Winterschläfer betrachten; sein Stoffwechsel ist während dieser Zeit bei einer Körpertemperatur von nur 5 Grad Celsius auf ein Mindestmaß herabgesetzt.

Im April graben die Hamster einen Sommerbau, der nur 30 bis 60 Zentimeter tief liegt. Sein Kessel wird zu einem weichen Nest ausgebaut, in dem beide Geschlechter friedlich für einige Tage zusammenleben, um sich zu paaren. Sogleich nach der Paarung vertreibt das Weibchen das Männchen. Das Weibchen wirft zwei- bis dreimal jährlich vier bis zwölf Junge, die blind zur Welt kommen. Außerhalb der Paarungszeit begegnen sich beide Geschlechter recht unverträglich. Selbst die Jungen müssen den Mutterbau verlassen, sobald sie einigermaßen selbständig sind.

Der Hamster ist ein ungemein mutiges Tier. Angegriffen, setzt er sich selbst gegen größere Feinde zur Wehr. Wird er von einem Hund gestellt, richtet er sich fauchend auf und springt den Gegner an. Selbst Menschen, die sich arglos seinem Bau nähern, sind vor seinen wütenden Angriffen nicht sicher. Von Greifvögeln gepackt, soll er sich noch in der Luft in seinen Feind verbeißen und dadurch sein Leben retten können.

Hamster bevorzugen als Nahrung Getreide, Puffbohnen und Erbsen, doch verzehren sie mit nicht geringem Appetit Mäuse, Eidechsen, Schlangen und Insekten, gelegentlich gar Jungvögel und frisch gesetzte Junghasen. Was immer sie für genießbar halten, verleiben sie sich ein. Mögen sie auch manchen Schaden durch ihre Gefräßigkeit anrichten, sind sie uns doch zumindest als Mäusevertilger nützlich.

Im übrigen hat der Hamster viele Feinde, die in einem ausgewogenen Naturhaushalt seiner Population Grenzen setzen. Zu diesen Feinden zählen Bussarde, Eulen, Krähen, Iltisse und selbst Große Wiesel. Auch Katzen können dem Hamster gefährlich werden. In Notzeiten, zumeist als Folge von Kriegen, stellten ihm die Menschen besonders intensiv nach, um ihm die in seinem Bau angehäuften Getreidevorräte fortzunehmen und für sich zu vermahlen. Auch gilt sein Winterfell als begehrtes, besonders leichtes und dauerhaftes Pelzwerk, das – zu Mantelfutter verarbeitet – vorzüglichen Schutz gegen Kälte bietet. Statistiken weisen aus, daß zum Beispiel 1888 im Bezirk Magdeburg allein in der Umgebung von Aschersleben 97 519 und noch 1939 bei Wanzleben 13 970 Hamster erbeutet wurden.

Infolge seines aggressiven Verhaltens gilt der Hamster zu Unrecht als nicht zu zähmendes Tier. Ich besaß als Junge zwei Hamster, die mir mein Hauslehrer aus seiner bei Magdeburg gelegenen Heimat mitgebracht hatte. Beide wurden sehr zutraulich. Bei meinen Schularbeiten saßen sie vor mir auf dem Tisch, beschnüffelten voller Neugier jeden Gegenstand und schlüpften, wenn sie müde geworden waren, mit Vorliebe in meine Ärmel, wo sie sich, einer links, einer rechts, in Höhe meines Bizeps der Ruhe hingaben und sich darin auch nicht durch meine Schreibarbeit stören ließen. Da sie sehr sauber waren, durften sie sich in meinem Zimmer frei bewegen.

So plump sie auch wirkten, waren sie doch sehr behende. Mit

ihrem schwarzen Bauch, der rötlichgrauen Oberseite, den rost-
gelben Backen und den weißen Ohrrändern, Lippen und Füßen,
insbesondere aber der großen, dunklen Augen wegen fand ich sie
ausgesprochen schön. Die beiden possierlichen Tiere waren mir
bald ans Herz gewachsen. Obwohl ich nicht wußte, ob sie Männchen oder Weibchen waren, nannte ich sie „Max" und „Moritz".

Zu meinem großem Kummer verlor ich sie nach etwa zwei
Jahren. Max wurde in der Küche von unserem Jagdterrier nach
erbittertem Kampf – er hatte blutende Wunden an den Lefzen
davongetragen – getötet, als niemand von unserer Familie im
Haus war. Moritz machte sich selbständig, indem er sein Domizil
auf dem Kornspeicher aufschlug. Seinem Hamstertrieb folgend,
schaufelte er hier im Herbst das Getreide von einer Ecke in die
andere, bis ihm eines Tages unser Kater den Garaus machte.

Der Verlust der beiden mir liebgewordenen Tiere – gleichzeitig
verendete mir ein Kranich, den mein Vater als Jungvogel verwaist aufgefunden und auf unseren Forsthof geholt hatte – wurde
mir zur nie vergessenen Lehre: Nie wieder nehme ich ohne Not
ein freilebendes Geschöpf in meine Obhut! So gut wir in unserer
beschränkten Einsicht ein in der Wildnis geborenes Tier auch zu
behandeln glauben, wird es bei aller Fürsorge doch stets die
Freiheit entbehren und der Gefahr ausgesetzt sein, in der Gefangenschaft zugrunde zu gehen.

Katzen – harmlose Haustiere?

Vor einigen Jahren produzierte sich in Wim Thoelkes Sendung
„Der Große Preis" eine Kandidatin auf dem Wissensgebiet
„Hauskatzen". Die Frage, ob Katzen „entgegen der Meinung
von Jägern und Vogelschützern" als „harmlose Haustiere" zu
betrachten seien, wurde von ihr mit einem klaren Ja beantwortet;
Katzen seien ausschließlich auf den Fang von Mäusen fixiert –
eine Aussage, die von der Jury erwartet worden war und für
richtig befunden wurde.

Was ist das für eine Jury, die so ahnungslos das Raubtier Katze
als harmloses Haustier einschätzt? Wußten die für die Sendung
verantwortlichen Produzenten wirklich nicht, welchen Schaden
alljährlich streunende Katzen allein unter der Vogelwelt anrichten? Oder wollten sie es nicht wissen?

116

Das Bundesjagdgesetz (§ 23) sagt jedenfalls in aller Deutlichkeit aus:

Der Jagdschutz umfaßt nach näherer Bestimmung durch die Länder den Schutz des Wildes insbesondere vor Wilderern, Futternot, Wildseuchen, vor wildernden Hunden und Katzen sowie die Sorge für die Einhaltung der zum Schutz des Wildes und der Jagd erlassenen Vorschriften.

Das Gesetz verpflichtet die Jäger, Katzen ab einer bestimmten Entfernung vom nächsten Gehöft zu töten. Anders ist es leider nicht möglich, die Brut von Singvögeln, Fasanen, Rebhühnern, Schnepfen, Birkhühnern und sonstigen Bodenbrütern vor dem Zugriff von Katzen zu schützen. Die tausendfachen Verluste an Singvögeln in Gärten und städtischen Anlagen können wir als Jäger leider nicht verhindern, weil uns in unmittelbarer Nähe bewohnter Gebiete die Ausübung des Jagdschutzes, der letztens auch den Singvögeln zu gelten hat, verwehrt ist. Hier kann allein die Einsicht der Katzenbesitzer die Vögel vor dem Zugriff ihrer Lieblinge schützen, indem sie diese zumindest während der Brutzeit am Streunen hindern.

Mögen auch die 300 000 Jäger und der „DBV Naturschutzbund Deutschland" mit einer noch größeren Anzahl von Mitgliedern in mancher Frage unterschiedlicher Meinung sein – über die von streunenden Katzen für unsere Vogelwelt ausgehende Gefahr sind sie sich grundsätzlich einig. Ihre tausendfältigen Erfahrungen zu ignorieren zeugt von erschreckender Unwissenheit, wenn nicht gar von dummdreister Überheblichkeit.

Mir liegt keine Statistik über die Anzahl der alljährlich im Bundesgebiet von Jägern getöteten wildernden Katzen vor, doch wenn wir die für Niedersachsen 1980 ermittelte Zahl – sie belief sich auf 58 000 Stück – hochrechnen, kommen wir jährlich auf mindestens 600 000 Katzen und gewinnen damit eine bedrückende Vorstellung von ihrer Gefährlichkeit für das Niederwild und für die Singvögel.

Ich selbst schoß in meinem in der Südheide gelegenen Revier in 25 Jahren etwa 80 Katzen, die mir zumindest 300 Meter vom nächsten Gehöft, zumeist aber etliche Kilometer von der nächsten Ortschaft entfernt vor die Flinte kamen. Nicht selten handelte es sich dabei um völlig verwilderte Exemplare, die sogar ihr Geheck in der Wildnis großzogen.

So stieß ich eines Morgens gegen vier Uhr mitten im Revier auf neun ausgewachsene Jungkatzen, die – von der Katzenmutter angeführt – zweifellos das Jagen in freier Wildbahn erlernten. Innerhalb von drei Tagen gelang es mir, sechs von ihnen schmerzlos ins Jenseits zu befördern.

Ein Jahr später führte mich mein Rauhhaarteckel inmitten einer Dickung an ein Geheck von sieben noch keine zwei Wochen alten Katzen. Ein Schrotschuß machte ihrem kurzen Leben ein Ende und bewahrte mein Revier vor gewiß üblen Verlusten an Singvögeln und Jungwild.

Eines Abends schoß ich am Rand einer Kieferndickung ein ausgewachsenes Kaninchen. Als ich es aufnahm, um heimwärts zu gehen, folgte mir – vom Schweißgeruch meiner Beute angelockt – ein starker Kater. Ich ließ das Kaninchen fallen. Dreißig Schritt weiter bot sich mir ein Busch als gute Deckung an. Als der Kater mich nicht mehr sah, stürzte er sich auch schon auf das Kaninchen und versuchte, es in die angrenzende Dickung zu ziehen. Ein Schuß beendete sein räuberisches Leben.

Natürlich sind Katzen vorwiegend Mäusefänger; als Jäger aber wissen sie, daß sie auf ihren Streifzügen kein Vogelgelege ungeplündert auslassen und sich mit gleicher Gier an Junghasen und Kaninchen vergreifen, wobei sie letztere bis tief in ihre Baue verfolgen.

Von starken Kudern ist bekannt, daß sie sogar wenige Tage alte Rehkitze zu reißen vermögen.

An meinem einsam am Waldrand gelegenen Forsthaus konnte ich die zahlreich in seiner Nähe brütenden Vögel vor Katzen schützen. Im Winter verblendete ich das Futterhäuschen im Garten mit Fichten, in die sich die Vögel beim stürmischen Anflug des Sperbers retten konnten. Katzen, die sich gelegentlich unter den Fichten verbargen, um aus ihrer Deckung heraus den Vögeln nachzustellen, liefen Gefahr, von meinen raubzeugscharfen Hunden erwischt zu werden.

Heute als Pensionär in einem kleinen Heidedorf wohnend, muß ich Jahr für Jahr machtlos mit ansehen, wie Katzen auch nicht eine einzige Vogelbrut in unserem Garten am Leben lassen – eine bittere Bestätigung für die allen Vogelfreunden bekannte Raubgier der Katzen.

Dennoch – auch Katzen sind liebenswerte Geschöpfe, an die wir unser Herz verlieren können. Vielen, oft einsamen Menschen schenken sie durch ihr Dasein Trost und Freude. Und wenn wir sie als Jäger scheinbar gnadenlos verfolgen, geschieht es wahrlich nicht aus Lust am Töten. Wir gehorchen damit nur einem Gesetz, das dem Schutz der uns in freier Wildbahn anvertrauten Geschöpfe dient. Der Tod unzähliger Katzen ist letztens nicht den Jägern anzukreiden, sondern jenen Bürgern, die es in ihrer Gleichgültigkeit versäumen, ihre Lieblinge am Streunen zu hindern.

Das Fernsehen hat mit Thoelkes Sendung dem Vogelschutz einen Bärendienst geleistet, indem es die in Gärten, Feld und Welt streunenden Katzen als „harmlose Haustiere" darstellte. Übleres konnte unseren Singvögeln nicht geschehen.

Reineke Fuchs und die Tollwut

Der Name „Reinhold" bedeutet „Ratwalter", seine Diminutivform „Reineke" demnach „kleiner Ratwalter".

Wenn wir dem Fuchs den Namen „Reineke" beilegen, zeugt das von unserem Respekt, den wir der Intelligenz des Fuchses zollen. Von keinem anderen Tier gibt es so viele bezeichnende Sprichwörter und Fabeln wie vom Fuchs.

Er überlistet alle Tiere und ist im indischen Mythus seiner Farbe und seiner Schlauheit halber die Verkörperung des in Dämmerung versinkenden Abendhimmels, der Stunde des Zwielichts, der Zeit der Ungewißheit und Täuschungen.

Auch die Griechen und Römer ergingen sich in ungezählten Betrachtungen über die Schlauheit und Falschheit des Fuchses.

Bereits im 7. Jahrhundert erwähnt, wohl als ältestes Zeugnis, der fränkische Chronist Fredegar den Namen „Reineke Fuchs".

Die sich dann um seinen Namen rankende Fabel entstand in Flandern, wo sie sechshundert Jahre später, etwa um 1250, durch einen gewissen Willem unter dem Titel „Rainaert de Vos" ihre künstlerisch vollkommenste Gestaltung erfuhr. 1498 zu Lübeck als „Reynke de Vos" verlegt, wurde sie in Deutschland durch ihre niederdeutsche Fassung weithin bekannt. Der Urheber dieser Übersetzung ist umstritten. Genannt werden der 1526 in Rostock verstorbene Sekretär des Herzogs Magnus von Mecklenburg, Nikolaus Baumann, und der seinerzeit ebenfalls in Rostock lebende Stadtschreiber und Buchdrucker Hermann Barkhusen. Es war insbesondere die niederdeutsche Fassung mit ihrer im sprachlichen Idiom liegenden Naivität und Komik, die dem in Flandern entstandenen Original die köstliche Frische und Lebendigkeit der Darstellung gab. Übersetzt wurde der „Reinke Vos" 1555 ins Dänische, 1621 ins Schwedische, 1681 ins Englische und 1694 ins Holländische. Bereits 1544 erfolgte eine erste Übertragung ins Hochdeutsche; mit dem Original hatte sie in ihrem Wert nur wenig noch gemein. Weitere, kaum bessere Übersetzungen ins Hochdeutsche folgten. Stärker als alle diese Übersetzungen trug Goethes Bearbeitung des „Reineke Fuchs" in Hexametern dazu bei, das Interesse für die ursprüngliche Dichtung zu beleben; zu Goethes „Reineke Fuchs" schuf später Kaulbach seine genialen Zeichnungen.

Was fanden die Leser besonders reizvoll an „Reineke Fuchs"?

Es war seine sprichwörtlich gewordene listige Klugheit, mit der er in abenteuerlichen Händeln und in oft tückischer Verschlagenheit die Hofleute und Untertanen des Herrschers Nobel, des Löwen, hinters Licht führte, dem biederen Bären Braun, dem Kater Hinz, dem Hündlein Wackerlos und anderen aufs übelste mitspielte und am Ende dennoch am Hofe Nobels zu hohen Ehren gelangte – eine gelungene Persiflage auf die menschliche Gesellschaft.

Die Sinne der uns vertrauten, in freier Wildbahn lebenden Tiere sind recht unterschiedlich ausgebildet:

Das Schwarzwild äugt schlecht und verläßt sich mehr auf sein ausgeprägtes Witterungsvermögen. Ähnlich ist es um den Dachs bestellt.

Auch unsere Cerviden wie Rot-, Dam- und Rehwild vermögen zumeist besser zu wittern und Geräusche zu vernehmen als zu äugen, wenngleich letzteres sie dem Dachs und dem Schwarzwild noch überlegen sein läßt.

Vom Fuchs aber wissen wir, daß er ausnahmslos über besonders scharf ausgeprägte Sinne verfügt und obendrein eine bemerkenswerte Intelligenz besitzt. So ist es denn kein Wunder, daß sich die Dichter seiner in Fabeln und Erzählungen besonders angenommen haben. Uns Jägern imponiert seine blitzschnelle Reaktion auf ihm drohende Gefahren, seine Vorsicht Fallen gegenüber, seine „Frechheit", mit der er bei hellem Tage das Huhn auf dem Bauernhof raubt, seine Umsicht, mit der er im Gelände jede Deckung zu nutzen weiß. Ihn zu erbeuten bedeutet für uns besonderes Weidmannsheil.

Um so rätselhafter erschien mir das Verhalten eines Fuchses, den ich 1943 in meinem mecklenburgischen Revier erlegte. Es war ein sonniger Wintertag, als ich am hellen Vormittag in einem Birkenmoor pirschte. Fußhoher Schnee dämpfte meine Schritte. Auf dem breiten, durchs Moor führenden Weg kam mir ein starker Fuchs entgegen. Da sich mir keinerlei Deckung anbot, blieb ich regungslos stehen. Der Fuchs schnürte unbekümmert auf mich zu. Als er sich mir auf zwanzig Schritt genähert hatte, riß ich den Drilling hoch, um ihn, wenn er flüchtete, breitseits fassen zu können – doch der Fuchs beachtete mich nicht. Ich glaubte, er sei vielleicht blind, doch seine Seher waren völlig klar, wenngleich er mich teilnahmslos anäugte. Schließlich setzte ich ihm auf wenig mehr als zehn Gänge die Schrotgarbe auf den Stich.

Ich habe damals den Fuchs mit nach Hause genommen, ihn gestreift und seinen Balg präpariert. Nicht im entferntesten dachte ich an die Möglichkeit, einen tollwütigen Fuchs erlegt zu haben. Zehn Jahre nach dem Krieg – mich hatte es inzwischen in die Lüneburger Heide verschlagen – mußten wir als Jäger „mit der Tollwut leben", und ich hätte keinen ähnlich verdächtigen Fuchs anders als mit Handschuhen angefaßt. Ein halbes Dutzend tollwütiger Füchse beförderte ich in dieser Zeit in meinem Revier ins Jenseits.

In Deutschland wurde die Tollwut der Tiere 1880 unter das Viehseuchengesetz gestellt. Maulkorbzwang und rigoroser Abschuß streunender Hunde und Katzen – der Fuchs trat seinerzeit noch nicht als gravierender Virusträger in Erscheinung – führten sehr bald im mittleren und westlichen Teil des Reiches zur Eindämmung dieser gefährlichen Krankheit. In den östlichen Grenzkreisen hingegen wurden immer noch zahlreiche Tollwutfälle beobachtet. Von den 1902 allein in Preußen registrierten 445 tollwütigen Hunden wurden 399 in den an Rußland grenzenden Provinzen getötet. Ein Jahr später wurden in Preußen noch 307 Menschen von tollwütigen Tieren, vorwiegend von Hunden, gebissen. Im Innern des Reiches ließen strenge Maßnahmen die Tollwut jedoch alsbald zu einer fast unbekannten Erscheinung werden.

Wie schwierig es noch vor hundertfünfzig Jahren selbst für Tierärzte war, diese gefährliche Krankheit zu diagnostizieren, zeigt folgender Fall: Am 1. Oktober 1834 berichtete der Fürstliche Revierförster Beichele dem ihm vorgesetzten Forstamt Wörth der Thurn und Taxisschen Verwaltung:

Der Schweißhund Waldmann war seit einiger Zeit im Zwinger krank und magerte ganz ab, weshalb ich demselben außerhalb des Zwingers an eine Hütte neben dem großen Fanghund eigens anlegen ließ und ihm Krankenkost mit täglich 1 Pfd. Fleisch neben der Suppe hiervon anordnete, worauf er sich zusehends gebessert hat.

Gestern Nacht zwischen 11 und 12 Uhr entstand von den sämtlichen Hunden ein ungewöhnlicher Lärm, und als der zuständige Parklöhner (Futter- und Zaunknecht) Aloys Butscher und der Oberknecht der Park-Oeconomie die Ursache aufsuchten, fanden sie, daß der Schweißhund Waldmann mit einem Fuchs im Kampf war, der sich in der Hundehütte befand. Sie versuchten durch Umstürzen der Hütte den Fuchs herauszubringen und todt zu schlagen, was aber vergebens war, bis sie endlich mittels einer Mistgabel diesen Zweck erreichten.

Bei der heute Morgen vorgenommenen näheren Untersuchung zeigte sich:

1. Daß am Futterkübel mehrere Tropfen Schweiß waren;

2. daß Waldmann an der unteren Kinnlade und am hinteren Lauf einige, jedoch unbedeutende Bisse hatte;

3. daß der Fuchs, ein Rüde, einen vorzüglich guten Balg hatte, an dem auch nicht die geringste Spur einer Räude zu bemerken ist;

4. nachdem der Balg abgestreift und der Chirurg Amann von Bach zur Section beigezogen war, bemerkte man Folgendes:

Von außen war auf der Haut nichts Widernatürliches zu bemerken; Zunge und Kehlkopf ohne Entzündung und von gewöhnlicher Farbe; Lunge wie gewöhnlich, aber schlaff; die Leber gesund; im Herz befand sich viel schwarzbrandiges Blut; der Magen war größten Theils mit Stroh, manches Stück 1½ bis 2

Zoll lang, ausgefüllt; die theilweise verdauten Strohteilchen hatten eine dunkelbraune Farbe; eigentlicher Magenbrei war nicht vorhanden, da der ganze Inhalt eine trockene, leicht zertrennliche Masse bildete; an der inneren Seite des Magens war eine Entzündung wahrzunehmen; das übrige Eingeweide war übrigens wie gewöhnlich, nur schienen die Blutgefäße im Netze an einer Entzündung gelitten zu haben. Im Magen befand sich auch der Balg einer Weinbeere.

Wenn ich auch annehmen wollte, daß dieser Fuchs, welcher dieselbe Nacht in einem Garten am Haus zwei Flecke umgescharrt hatte, wo er ganz deutlich zu spüren war, zufällig an der Hundehütte vorüberzog und durch den Fleischgeruch zu einem Angriff auf den Hund verleitet wurde, so ist mir doch nicht wahrscheinlich, daß derselbe nicht auf den übergroßen Lärm des daneben befindlichen Fanghundes sowie aller übrigen Hunde in den beiden Zwingern die Flucht sollte ergriffen haben.

Sehr verdächtig ist auch der Zustand des Magens und namentlich dessen Inhalt, weshalb ich die gehorsamste Bitte stelle, den Herrn Gerichtsarzt Dr. Schmid in Wörth über meine Vermutung, daß dieser Fuchs von der Tollwuth oder Wasserscheu befallen gewesen ist, zu vernehmen und mir das Resultat mitzutheilen. Den Schweißhund werde ich jedenfalls geeignet beobachten, bis jetzt ist derselbe ganz munter, freß- und sauflustig.

Auch das Gutachten des Gerichtsarztes Dr. Schmidt ist noch in vollem Wortlaut erhalten:

Ungeachtet die Section des getödteten Fuchses keine Indicien lieferte, welche mit Sicherheit auf das Dasein der Wuthkrankheit schließen, so ist der Fall doch zweifelhaft, und es gebietet daher die Vorsicht, daß die Hunde, welche von diesem Thier verletzt werden konnten, wohlverwahrt an einer Kette hängen bleiben, mit gewöhnlicher Fleischkost und gutem frischem Wasser versehen und in ihrem Verhalten sorgfältig beobachtet werden.

Sollten sich – früher oder später – Symptome von Erkrankung oder – was wohl zu beachten ist – von Wasserscheu einstellen, so sollte hievon die Anzeige hierher erstattet werden, um den Zustand genauer beobachten und ausmitteln zu können. Die Wärter der Hunde haben nähere Berührungen mit diesen zu vermeiden, und die gebrauchten Futtergeschirre dieser Hunde mit denen der anderen nicht zu verwechseln.

Zehn Jahre später nahm der Fürstliche Forst-Commissar Fr. Pfitzenmayer zu diesem Vorfall Stellung. Er hatte Gelegenheit, sich darüber mit dem noch im Dienst befindlichen Parktagelöhner Butscher zu unterhalten. Dieser versicherte ihm, daß es sich bei dem Fuchs um einen starken, durchaus nicht abgekommenen Rüden gehandelt habe, dessen Balg für die Jahreszeit sehr gut gewesen sei. Nach Butschers Aussagen blieb der Schweißhund „Waldmann" am Leben; die vom Fuchs herrührenden Bisse hätten für ihn keinerlei Folgen gehabt. Pfitzenmayer schloß daraus, daß sich die Vermutung des Revierförsters Beichele, der Fuchs sei von der Tollwut befallen gewesen, nicht bestätigt habe.

Man hörte schon öfter, schreibt Pfitzenmayer, daß räudige oder schäbige Füchse in Ortschaften hineinliefen, Leute anfallen wollten und daß diese Füchse schließlich todtgeschlagen wurden, nie aber vernahm ich von einem Fall, ähnlich dem oben geschilderten. Daß der Hunger den Fuchs an die Hundehütte, resp. an den Hundefutterkübel herangetrieben habe, scheint um diese Jahreszeit (am letzten September) doch auch nicht wahrscheinlich. Meine Ansicht geht dahin, daß dieser Fuchs in Folge irgend einer – und zwar, weil er nicht abgemagert war – schnell eingetretenen Krankheit in einer Art Delirium herumgeirrt und zufällig an die Hundehütte gekommen war, wo ihn dann der Schweißhund angefallen und der Fuchs sich natürlich gewehrt hatte.

Diese zweifellos falsche Diagnose Pfitzenmayers ist damit zu erklären, daß der Fuchs damals noch relativ selten als Tollwutüberträger auftrat und die Wissenschaftler erst wenig über den Verlauf und die Symptome der Tollwut wußten. Noch 1908 heißt es in einem einschlägigen Werk:

Der Ansteckungsstoff ist noch nicht gesehen, aber seine körperliche Natur ist nachgewiesen. Negri hat 1903 eigentümliche körperliche Gebilde entdeckt, die sich bei 95 Proz. aller Tollwutfälle in den Nervenzellen nachweisen lassen und die Diagnose sicherstellen. Ob diese Negrischen Körperchen jedoch Entwicklungsformen des Wutparasiten oder ein Produkt desselben oder die von ihm angegriffenen Zellen sind, ist noch strittig.

Daß der vom tollwütigen Fuchs gebissene Schweißhund „Waldmann" selbst nicht infiziert wurde, ist mit der Tatsache zu erklären, daß im allgemeinen nur 30 bis 40 % der von einwandfrei wutkranken Tieren gebissenen Hunde erkranken.

Unserer Zeit blieb es vorbehalten, der Tollwut mit wirksamen Mitteln begegnen zu können. Der Wissenschaft gelang es, in einem Rhabdovirus mit der winzigen Länge von etwa 200 millionstel Millimeter den die Tollwut bei Säugetieren und Menschen auslösenden Erreger zu identifizieren und einen wirksamen Impfstoff gegen diese tödliche Krankheit zu entwickeln.

Wurden um 1900 im Reichsgebiet noch vorwiegend Hunde von der Tollwut befallen, ist heute der Fuchs der Hauptüberträger der Tollwut. Eine für die Zeit von 1980 bis 1990 geführte Statistik weist aus, daß der Fuchs in den alten wie übrigens auch in den neuen Bundesländern mit 75 % an den registrierten Tollwutfällen beteiligt ist. Während 1980 noch 4 804 von der Tollwut befallene Füchse gezählt wurden, waren es 1990 nur noch 1 587, womit sich jedoch ihr hoher Anteil am Seuchengeschehen nicht verringert hat.

Die Abnahme der Tollwutfälle in den alten Bundesländern ist als beträchtlicher Erfolg der in den vergangenen Jahren großflächig durchgeführten oralen Immunisierungskampagnen (Schluckimpfung) zu werten. In ersten Feldversuchen wurden je Quadratkilometer 15 bis 20 Hühnerköpfe und später in Köder aus Tiermehl und Fett eingebettete Impfstoffkapseln ausgelegt. Von den Füchsen gefressen, führten sie zu deren Immunisierung und damit zur Unterbrechung der Infektionskette.

Inzwischen sind durch die Schluckimpfung weite Teile der alten Bundesländer tollwutfrei – ein Erfolg, der inzwischen auch die uns benachbarten Länder veranlaßte, mit finanzieller Hilfe der EG Immunisierungskampagnen durchzuführen, wobei man mit Größenordnungen von 90 000 km^2 und 1,5 Millionen Ködern rechnet.

Die Schluckimpfung hat zweifellos mit zu einer starken, das Ökosystem beeinträchtigenden Vermehrung der Füchse beigetragen. Wurden im Jagdjahr 1969/70 in den alten Bundesländern noch 114 398 Füchse erbeutet, belief sich deren Strecke 1990/91 auf 319 457 Stück. Damit steht außer Frage, daß der im Hinblick auf unsere gestörte Umwelt offensichtlich ungemein anpassungsfähige Fuchs besonders intensiv bejagt werden muß, um ihn auch durch jagdliche Dezimierung vor der Tollwut zu bewahren.

In dem Zusammenhang sei erwähnt, daß die jährliche Strecke in der ehemaligen DDR seit 1968 mehr oder weniger kontinuierlich von ca. 84 000 Stück im Jahre 1967 auf ca. 42 000 im Jahre 1979 gefallen war, bevor sie sozusagen stetig auf 103 353 Stück im Jahre 1988 angestiegen ist.

Dennoch werden wir auch in Zukunft noch mit tollwütigen Wildtieren zu rechnen haben. Vorsicht bleibt nach wie vor bei der Begegnung mit Füchsen geboten, zumal wenn sie die natürliche Scheu vor Menschen verloren haben, sich unbekümmert Gehöften nähern, abgemagert außerhalb ihrer gewohnten Umgebung umherstreunen oder tot aufgefunden werden. Der mit dem Speichel infizierter Füchse ausgeschiedene Tollwutvirus kann durch Biß, aber auch über winzige Wunden und Schleimhäute auf Säugetiere und Menschen übertragen werden, über deren Nervenbahn er ins Gehirn gelangt.

Erste sichtbare Krankheitszeichen stellen sich nach einer Infektion beim Menschen je nach der aufgenommenen Virusmenge und dem vom Biß betroffenen Körperteil nach acht Tagen oder gar erst nach einem Jahr ein. Bereits sichtbar erkrankte Menschen sind rettungslos verloren.

Um es nicht so weit kommen zu lassen, ist bei jedem auch nur geringsten Verdacht auf eine Infektion durch Tollwutviren sofort der nächste Arzt aufzusuchen und die Schutzimpfung gegen Tollwut einzuleiten. Je früher die Vakzinierung gegen Tollwut erfolgt, um so sicherer ist der Erfolg.

Daß alle Fälle von Tollwut und Tollwutverdacht unverzüglich dem zuständigen Veterinäramt, der Polizei und der Gemeindeverwaltung zu melden sind, dürfte heute zumindest jedem Jäger und Forstmann bekannt sein, und auch, daß verdächtige Tierkörper umgehend durch die zuständige Behörde (Gemeinde, Polizei) an tierärztliche Untersuchungsstellen einzusenden sind. Je schneller das geschieht, desto früher kann die Behörde eine Beobachtung aller mit einem als „infiziert" festgestellten Tier in Berührung gekommenen Personen anordnen.

Daß wir als Jäger unsere Hunde alljährlich gegen Tollwut impfen lassen, darf auch in vermeintlich tollwutfreien Gebieten nicht unterbleiben.

Leider zwingt uns nicht nur die Tollwut zu einem argwöhnischen Umgang mit Füchsen. Auch der kleine Fuchsbandwurm wird mit seinen Finnen *(Echinococcus multilocularis)* dem Menschen in zunehmendem Maße gefährlich.

Das alles soll uns jedoch nicht davon abhalten, im Fuchs nach wie vor eine der bezauberndsten Wildarten unserer Heimat zu sehen.

Meister Grimbart, der Dachs

Ein besonders attraktives Wild unserer Wälder ist Grimbart, der Dachs. „Gräwing" nennt man ihn in Norddeutschland, wo es an dem Flurnamen „Gräwingsberg" in den Revieren nicht mangelt und man sicher sein kann, unter dieser Bezeichnung auf einen Dachsbau zu stoßen.

Freund Gräwing ist ein recht wunderlicher, eigenbrötlerischer Geselle. Schon sein Äußeres wirkt absonderlich, steht doch sein schlanker, wunderhübsch schwarzweiß gestreifter Kopf in einem merkwürdigen Gegensatz zu seinem plumpen, dennoch recht behenden Körper. Mit einem sehr kräftigen Gebiß ausgestattet, findet er in der freien Wildbahn keinen ihm überlegenen Gegner. In Bedrängnis geraten, verteidigt er sich mit ungewöhnlichem Mut. Bei Tage äugt er schlecht, und auch sein Gehör ist nicht das beste. Als ich eines Morgens einem vom nächtlichen Ausflug zurückkehrenden Dachs unmittelbar vor seinem Bau aus Spaß den Weg abschnitt, fuhr er mir so wütend murrend und blasend gegen die Stiefel, daß ich mich nur mit einem schnellen Sprung vor seinem gefährlichen Fang retten konnte.

Mit einiger Skepsis haben die Wissenschaftler den bis 40 Pfund schweren Dachs der Familie der Marder zugerechnet. Offenbar war ihnen selbst nicht ganz wohl dabei, schufen sie für ihn doch eine spezielle „Unterfamilie der Dachse", in der er allein zu Hause ist. Wohin sollten sie auch sonst mit diesem eigenartigen, liebenswerten Gesellen in ihrem zoologischen System?

Lange Zeit wußte man nicht, zu welcher Jahreszeit der Dachs sich paart. In meiner Jugend, vor mehr als sechs Jahrzehnten, glaubte man noch an eine Paarungszeit im Oktober/November. Heute wissen wir, daß er im Juli/August ranzt und die befruchteten Eier sich – ähnlich wie beim Rehwild – in den ersten vier bis fünf Monaten nur sehr langsam entwickeln; erst am Jahresende reifen sie zu Embryos heran. Im März dann kommen die Jungen zur Welt; in der Regel sind es zwei bis drei, doch kommen auch Würfe von vier und fünf Jungen vor.

Während der Paarungszeit stößt der Dachs bei dem von der Abenddämmerung bis in die Nacht anhaltenden Minnespiel zuweilen einen markerschütternden, gellenden Ranzschrei aus, der dem Aufschrei eines von Schmerzen gefolterten Kindes so sehr ähnelt, daß es einem kalte Schauer über den Rücken jagt und man glaubt, hineilen zu müssen, um einen Mord zu verhindern. Ich hörte diese entsetzlich anmutenden Laute des Nachts im Sommer ebenso wie im Spätherbst; ob es sich dabei um eine „Nebenranz" oder um Standortkämpfe rivalisierender Dachsrüden um bevorzugte Winterquartiere handelt, blieb bislang ungeklärt. Wir wissen nicht einmal, ob nur der Dachsrüde oder auch die Fähe diesen Schrei ausstößt.

Von einem echten Winterschlaf des Dachses kann man in unseren Breitengraden nicht sprechen. Zwar bleibt er bei strenger Kälte und hoher Schneelage oft wochenlang im Bau; sobald aber die Witterung auch nur vorübergehend milder wird, treibt es ihn nach draußen. In den kälteren Regionen Nord- und Osteuropas hingegen verschläft er den Winter in dem mit Moos und trocknem Laub ausgepolsterten Bau.

Die Speisekarte des Dachses ist recht vielseitig. Schnecken, Käfer, vor allem Mistkäfer, Larven, Engerlinge, Puppen, Frösche und insbesondere Mäuse dienen ihm als Nahrung. Der Wissenschaftler RÖRIG fand im Magen eines Dachses neben neun ausgewachsenen Mäusen 74 Jungmäuse. Doch auch Junghasen, Kaninchen und die Gelege von Bodenbrütern fallen dem Dachs zum Opfer. Vegetarische Kost verschmäht er ebenfalls nicht; im Milchhafer weidet er sich ebenso gerne wie in Gärten, wo er sich am Fallobst delektiert.

Seine breite Nahrungspalette erklärt die unterschiedliche Einstellung der Jäger zu diesem Wild. Im Wald, also in reinen Hochwildrevieren, sieht man ihn gerne, ist er hier doch durch die Vertilgung zahlreicher Forstschädlinge sehr nützlich; in Niederwildjagden hingegen kann es durch ihn zu erheblichen Verlusten an Junghasen sowie an Fasanen- und Rebhuhngelegen kommen.

In meiner Jugend stellte man dem Dachs noch im Bau mit Teckeln oder Terriern nach. Sobald diese ihn in die Enge getrieben hatten, wurde der Bau aufgegraben. Diese Art der Jagd hat nicht nur manchem Hund im Kampf mit dem wehrhaften Dachs oder in den verklüfteten Gängen des Baues das Leben gekostet, der Bau selbst wurde durch den „Einschlag" zerstört und für lange Zeit von den Dachsen gemieden. Im Gegensatz zum Fuchs läßt sich der Dachs nur schwer mit Hunden aus dem Bau „sprengen". Heute bejagt man den Dachs in der Regel auf dem Ansitz in der Nähe des Baues oder gelegentlich auf der Pirsch.

Ausschließlich in Hochwildrevieren als Forstmann tätig, habe ich in meinem Leben oft Gelegenheit gehabt, Dachse zu erlegen. Es hat mich nie gereizt; ich sah in Meister Grimbart immer nur ein liebenswertes, mich irgendwie erheiterndes Geschöpf, in dem ich obendrein einen Verbündeten im Kampf gegen forstschädliche Insekten fand. Alles in allem schoß ich drei Dachse, und das an einem einzigen Abend beim Ansitz am Bau. Damals war Krieg, Seife war eine Mangelware und so halfen uns die Dachse, diesem Notstand zu begegnen. Mit Ätznatron versetzt, verkochte meine Frau das Dachsfett, das „Weiße" wie die Jäger sagen, zu Kernseife, der es zwar an angenehmen Duftstoffen mangelte, die aber dennoch ihren Zweck erfüllte. Das kann nicht zur Nachahmung empfohlen werden, weil Ätznatron bzw. Natriumhydroxid gefährlich ist und schwere Verätzungen mit Vergiftungserscheinungen hervorrufen kann. Selbstverständlich muß es vor Unbefugten gegebenenfalls sicher aufbewahrt werden. Jagd, die keinen Nutzen einbringt, läuft auf sinnloses Töten hinaus.

Immerhin hat auch der Dachs als Beute seinen Wert. Sein Wildbret gilt als genießbar, das junger Dachse wird gar als wohlschmeckend gerühmt. In der Schweiz und in Frankreich galten die Keulen des Dachses um die Jahrhundertwende als Delikatesse. Ob man sie dort noch heute als solche schätzt, entzieht sich meiner Kenntnis. Im letzten Krieg wurde Dachsfleisch in vielen unserer Wildhandlungen als Nahrungsmittel angeboten. Verkauft werden durfte es jedoch nur, nachdem es auf Trichinen untersucht worden war. Ich selbst habe es nie probiert.

Noch im vorigen Jahrhundert wurden Dachsfett und Dachsblut als Medizin gegen allerlei Gebrechen verordnet.

Am wertvollsten dürfte die Schwarte des Dachses sein, liefert sie doch das für Rasierpinsel besonders geschätzte Dachshaar. Eine Schwarte gibt das Material für zwei Pinsel her, die heute je Stück mit etwa 40 Mark gehandelt werden.

In der „alten" Bundesrepublik Deutschland wurden in der Zeit von 1970 bis 1980 jährlich im Schnitt etwa 4 000 Dachse erbeutet – eine wesentlich geringere Anzahl als in den Jahren zuvor. Zusammen mit dem Fuchs wurde der Dachs als Tollwutträger in dieser Zeit in seinem Besatz besonders kurzgehalten, wozu die von den Behörden angeordnete, von den Jägern verabscheute Begasung der Fuchs- und Dachsbaue wesentlich beitrug. Nachdem man in den folgenden Jahren der Tollwut durch die hervorragend wirksame Schluckimpfung weithin Herr geworden war, erholte sich der Dachs zusehends. Seit Mitte der achtziger Jahre werden in den „alten" Bundesländern jährlich wieder in etwa 12 000 Dachse erlegt. Die dem Dachs zugebilligte Schonzeit wurde Ende der siebziger Jahre um dreieinhalb Monate verlängert; auch das trug zur Regeneration seines Bestandes bei.

So notwendig es auch im Interesse des Niederwildes ist, den von keinerlei Feinden bedrohten Dachs zu bejagen – in unseren Wäldern möchten wir den liebenswerten Grimbart nirgends missen.

Schwarzes Rehwild

Es liegt in der Natur des Menschen, allem Ungewöhnlichen besondere Aufmerksamkeit zu schenken und sich von nicht alltäglichen Eigenarten beeindrucken zu lassen. Für den Jäger und den Naturfreund schlechthin ist das fast ausschließlich in Niedersachsen vorkommende schwarze Rehwild ein in besonderer Weise den Forschungstrieb anregendes Phänomen.

Vieles ist über den sich vererbenden Melanismus, die Schwarzfärbung, dieses Wildes geschrieben worden. Vermutungen, schwarze Ziegenböcke hätten sich mit Rehen gekreuzt oder die schwarze Farbe einzelner Rehe sei auf deren Standort in sumpfigen Gebieten zurückzuführen, wie man es noch im vorigen Jahrhundert diskutierte, entbehren jeder biologischen Grundlage. Der Melanismus, gelegentlich auch beim Damwild, Eichhörnchen, Panther oder anderen Säugetieren vorkommend, ist ausschließlich auf eine Pigmentation, auf eine Ablagerung von dunklen Hautfarbstoffen, zurückzuführen.

Ich blickte als Forstmann bereits auf zwanzig Berufsjahre in mecklenburgischen Forstämtern und im Solling zurück, als mir vor vierzig Jahren im Forstamt Nienburg (Weser) zum ersten Mal schwarzes Rehwild begegnete. 1953 schoß ich im Forstamt Hannover meinen ersten und einzigen schwarzen Rehbock, einen etwa sechsjährigen gut veranlagten Sechser.

Ein Jahr später beobachtete ich in der mir inzwischen übertragenen Revierförsterei Schelploh, Kreis Celle, eine rote Ricke mit zwei schwarzen Bockkitzen, von denen eines als Jährling in ein benachbartes Revier abwanderte. Das im Revier verbliebene schwarze Kitz entwickelte sich zu einem braven Sechser, den ich bewußt mit der Jagd verschonte. Ich folgte damit einer Empfehlung des Prof. Dr. DETLEV MÜLLER-USING, vereinzelt auftretendes schwarzes Rehwild weitgehend zu schonen, „weil solche Stücke die schönsten Beobachtungen über individuelles Verhalten, Standortveränderungen, Fruchtbarkeit und Lebensdauer ermöglichen". Leider verschwand der inzwischen sieben Jahre alte Bock spurlos aus dem Revier; sein weiteres Schicksal blieb mir unbekannt.

Es wird gelegentlich behauptet, schwarzes Rehwild sei im Wildbret geringer als rotes. Ich kann einer solchen Vermutung nicht beipflichten. Schwarz macht bekanntlich schlank; vielleicht erscheint uns deshalb das schwarze Rehwild zierlicher.

Schwieriger als normal gefärbtes Rehwild ist schwarzes auf sein Alter hin anzusprechen. Während sich das Gesicht des roten Rehwildes mit zunehmendem Alter durch Graufärbung der Augenringe und schließlich des ganzen Kopfes verändert, behält das schwarze Rehwild selbst im Alter noch seine gleichmäßig schwarze Maske.

Der für zwei- bis dreijähriges Rehwild im allgemeinen typische Muffelfleck, ein weißes Querband oberhalb der Nase, fehlt beim schwarzen Rehwild gänzlich.

Im Winter schimmert die Decke des schwarzen Rehwildes silbergrau über dunklem Untergrund.

Im Jahre 1928 erschien in der Jagdpresse ein Beitrag von BUSCHKLEPPER – offensichtlich ein Pseudonym – über „Schwarzes Rehwild in Niedersachsen". Der Autor hatte wiederholt gesehen, daß ein schwarzes Kitz von roten Rehen belästigt wurde. Diese Beobachtung erschien ihm um so bedeutsamer, als kurz zuvor ein Herr VON ALTENBOCKUM, Münster, berichtet hatte, daß alle von ihm bestätigten schwarzen Böcke Narben, Schmisse und Stiche aufwiesen, die zweifellos von roten Böcken herrührten, was Buschklepper zu der Frage veranlaßte, ob seitens des roten Rehwildes eine allgemeine Abneigung gegen das schwarze Rehwild bestehe. Über zehn Jahre habe ich schwarzes Rehwild beobachten können, mir ist jedoch nie aufgefallen, daß zwischen roten und schwarzen Rehen eine besondere Aversion bestehe. Die Intensität, mit der Rehböcke ihren jeweiligen Einstand verteidigen, ist meines Erachtens völlig unabhängig von ihrer Haarfarbe.

Schwarzes Rehwild wird in der Jagdliteratur bereits vor etlichen Jahrhunderten erwähnt. LANDAU schreibt in seiner Arbeit „Beiträge zur Geschichte der Jagd und Falknerei": „Die schwarzen Rehe werden schon im 16. Jahrhundert genannt. Im Jahre 1591 bat Landgraf Wilhelm von Hessen den Herzog von Braunschweig, ihm mehrere Stücke zukommen zu lassen. Auch 1764 schickte ein Herr von Minigerode einen schwarzen Bock nach Darmstadt und versprach, daß demselben zwei schwarze Ricken folgen sollten."

Aus einem Schreiben des Fürstlich Braunschweigisch-Lüneburgischen Ober-Forst- und Jägermeisters aus Zell (Celle), datiert vom 6. April 1680, geht hervor, daß von Winsen (wahrscheinlich Winsen/Luhe) aus ein schwarzes Reh angeliefert wurde, was darauf schließen läßt, daß bereits damals in der Lüneburger Heide schwarzes Rehwild vorkam.

Im „Wildungschen Tagebuch" von 1797 wird als Kerngebiet des schwarzen Rehwildes die Umgebung von Haste und der Ottenser Forst in der Grafschaft Schaumburg genannt. In einer Mitteilung des Oberförsters Cornelius heißt es: „Nach Aussage meines Vaters (Ende des 18. Jahrhunderts) war damals schon schwarzes Rehwild dort, das sich durch Übereinkunft mit den Bückeburger Jägern, dasselbe zu schonen, rasch vermehrte. Der Bestand in meiner Jugend bis 1842, wo ich Ottensen verließ, um die Forstakademie zu besuchen, war ungefähr zum dritten Teil schwarz." Noch heute zeichnen sich die Reviere um Haste und Ottensen durch ihren Bestand an schwarzen Rehen vor anderen Revieren Niedersachsens aus.

Die Frage, woher das fast nur in Niedersachsen vorkommende schwarze Rehwild stammt, hat Jäger und Jagdwissenschaftler immer wieder beschäftigt. Noch BUSCHKLEPPER neigte 1928 zu der bereits vor Jahrhunderten vertretenen Annahme, das schwarze Rehwild der Grafschaft Schaumburg-Lippe sei aus Portugal eingeführt worden. Wörtlich schreibt er: „Gerade hierzu berichtete mir ein sehr erfahrener und im Haster Revier wohlbekannter Weidmann, daß ihm eine Akte, wonach Graf Wilhelm seinerzeit aus Portugal einen schwarzen Bock und einige schwarze Ricken bezogen habe, vorgelegen hat. " Selbst wenn es so gewesen sein sollte, wofür leider kein Beweis mehr zu erbringen ist, muß das nicht bedeuten, daß das schwarze Rehwild Niedersachsens von den wenigen aus Portugal bezogenen schwarzen Rehen abstammt. Prof. Dr. DETLEV MÜLLER-USING hat zweifellos recht, wenn er in diesem Zusammenhang erklärt: „Das schwarze Rehwild Niedersachsens ist nicht, wie vorzeiten behauptet wurde, im 17. Jahrhundert aus Portugal eingeführt worden, sondern war, wie Forstmeister Schraube festgestellt hat, schon im Mittelalter dort heimisch. "

Das schwarze Rehwild ist also autochthoner („bodenständiger") Bestandteil der niedersächsischen Wildbahn. Wer immer es bejagt oder auch nur beobachtet hat, möchte es als erstaunliche Laune der Natur und damit ungewöhnliche Bereicherung der Landschaft nicht mehr missen.

Wehrhaftes Schwarzwild

Weitaus gefährlicher als in unserer Zeit, in der wir über moderne, wirkungsvolle Schußwaffen verfügen, wurde das Schwarzwild den einst nur mit der Saufeder und dem Kurzschwert ausgerüsteten Jägern. Die Geschichte weiß von vielen dramatischen, oft tödlichen Begegnungen mit diesem wehrhaften Wild zu berichten.

Von Ovid wissen wir, daß Adonis, der Geliebte der Aphrodite, von einem starken Keiler verletzt und von seinen Jagdgefährten sterbend aufgefunden wurde.

Herodot berichtet von einer Saujagd, auf der Atys, der Sohn des Königs Krösus, im 6. Jahrhundert v. Chr. umkam. Als Atys, von seinen Hunden begleitet, einen Keiler zur Strecke bringen wollte, versuchte sein Begleiter Adastrus, ihm zuvorzukommen. Vom Keiler angegriffen, verfehlte Adastrus mit seinem Spieß das wehrhafte Wild und traf statt dessen Atys tödlich. Obwohl König Krösus Adastrus verzieh, nahm dieser sich in seinem Kummer um den getöteten Freund das Leben.

Dem im 11. Jahrhundert lebenden Mönch Xiphilinos verdanken

wir die Schilderung einer Saujagd, an der Kaiser Severus (146 bis 193 n. Chr.) teilnahm. In der Nähe von Nisibis, der früheren Hauptstadt von Mygdonia in Mesopotamien, stieß der Kaiser auf ein hauendes Schwein, das bereits „einen starcken Reutter vom gaul gerissen und umbbracht" hatte, bevor es dem Kaiser mit Hilfe von dreißig Kriegsknechten gelang, die „Bestie" zur Strecke zu bringen.

Ludwig der Stammler, König von Frankreich (846 bis 879), hatte, neben anderen Kindern, einen Sohn namens Karl. Tapfer und voller Jagdleidenschaft ließ dieser sich in einen Kampf mit einem „wilden schwein" ein und wurde dabei „so übel verletzet, daß er des Todes darüber sein mußte".

Nach Wilhelm Paradin, im 16. Jahrhundert Herr auf Cuiseaux in Burgund, waren die Könige von Frankreich fast ausnahmslos vom Jagdteufel besessen, wodurch viele von ihnen auf der Jagd umgekommen seien. Paradin nennt hier Theodebertus I., König von Austrasien, dem östlichen Teil Frankreichs; Hilderich, der 679 zusammen mit seiner Frau auf einer Jagd sein Leben lassen mußte; Hasthülf, der 756 sein Leben ließ; Lothar, der 986 von der Jagd nicht zurückkehrte.

Der vielseitige Gelehrte Johannes Cuspinianus (1473 bis 1529) schildert uns den Verlauf einer Saujagd, deren Opfer 1142 der in Konstantinopel residierende Kaiser Johannes Comnenus wurde. Als dieser einen angreifenden Keiler auf die Saufeder auflaufen ließ, kam er selbst zu Fall und zog sich eine geringfügige Verletzung durch einen der in seinem Köcher befindlichen Giftpfeile zu, an deren Folgen er starb.

Eine der farbigsten Schilderungen einer Saujagd verdanken wir dem Kurfürstlichen Sächsischen Rat Heinrich Anselm von Ziegler und Kliphausen aus dem Jahr 1664. Sie betraf den im Kampf mit einem starken Keiler ums Leben gekommenen Grafen von Severin, Statthalter von Dalmatien, Kroatien und Slavonien. Auf die Nachricht, es sei eine stärkere Rotte Sauen gesichtet worden, unter der sich ein besonders starker Keiler befände, trieb ihn seine Passion sogleich in den Wald.

„Kaum hatte er die Bestie erblicket, so gab er ihr einen Schuß, mit welchem sie doch durchging, und im Lauffe einem Bauern mit den ungeheuren Waffen einen solchen Hieb in den Leib versetzte, daß ihm das Gedärme auf die Erde fiel. Ingleichen rennte die ergrimmte Bestie einen Dragoner übern Hauffen, und blessierte über dieses noch einen Jäger an beyden Schenkeln; welches alles den Grafen um so viel mehr anspornte, möglichst Rache von diesem unvernünftigen Tyrannen zu nehmen, und selbigen nur in Begleitung eines einzigen Pagen so lange zu verfolgen, bis er das angeschossene Tier in einem morastigen Gepüsch liegen sahe.

Hier meinte nun der gute Herr, das Schwein wäre von dem empfangenen Schuße gefallen, dannenhero er abstieg, demselben den letzten Fang zu geben. Aber, ach! Was geschicht? Die lauschende Bestie fuhr aus ihrem Lager wie ein Blitz, rennet den Grafen, der sich dessen am wenigsten versehen, übern Hauffen, und schlug demselben eine tödliche Wunde nach der andern. Sie riess ihm den Leib auff, daß das Gedärme hervordrang, zerbiess ihm den Hals, und zausete ihm fast alle Haare aus, darüber das Haupt eine solche Verletzung empfieng, darein man drey Finger legen kunte. Sein Page hätte diesem wilden Mörder gerne ein Pistol auff die Borsten gebrennt, das treulose Pistol aber versagte ihm, darum grief er nach dem Degen und wollte dem Hauer eins versetzen, der aber unterdessen darvon lieff. Hierauff blieb nun dem beängstigten Pagen kein Mittel übrig als eine klägliche Stimme, die zurückgebliebenen herbei zu ruffen . . . Der Graf war nicht älter als 45 Jahr, und der zerfetzte Körper ruhet zu Tschakathurn."

Der Bericht schließt mit der eindrucksvollen Moritat:

„Hier ruht Croatiens sein allerkühnster Held / Vor dem der Muselmann, wie er vorm Schweine fällt / Sein Ruhm erfüllt die Welt. Streu, Leser, eh du weichest / Cypressen auff die Grufft; wer weiß, wie du erbleichest!"

Im allgemeinen friedlich, wird das Schwarzwild uns nur gefährlich, wenn es in Bedrängnis gerät – sei es, daß es vom Jäger angebleit wurde oder die Sorge um ihre Frischlinge eine Bache zum Angriff reizt. Aus über fünfzig Jahren jagdlicher Praxis sind mir nur wenige Begegnungen mit diesem wehrhaften Wild in Erinnerung, die für mich oder meine Begleiter hätten gefährlich werden können.

Vor etlichen Jahren gingen in meinem Revier auf einer Weide mehrere Rotten Schwarzwild, ausnahmslos Bachen mit halbwüchsigen Frischlingen, zu Schaden; sie brachen dort bei hellem

Tage nach schmackhaften Schnakenlarven *(Tipula)*. Die Weidgerechtigkeit verbot es mir, Mutter- oder Kindermord an ihnen zu begehen. Also ging ich sie auf freier Fläche an – überzeugt, sie allein durch meinen Anblick zu vergrämen. Irrtum! Die Larven schmeckten ihnen so gut, daß sie nicht gewillt waren, die Weide zu verlassen. Das gibt es doch nicht, dachte ich, und rückte ihnen noch näher auf die Schwarte. Widerwillig verzogen sich schließlich zwei Rotten; die Bache der dritten Rotte aber, deren Frischlingen ich wohl zu nahe gekommen war, nahm mich zornig blasend an. Erst als ich ihr eine Kugel vor die Läufe setzte, bequemte sie sich, mit ihrer Kinderschar in die angrenzende Dickung zu wechseln.

Weniger als Angriff denn als zufälliges Anrempeln verzeichnete ich es, daß mich während einer Drückjagd in enger Dickung ein Überläufer so heftig anfloh, daß ich von den Füßen kam.

Wirklich geschlagen wurde ich von einer Sau in einer Situation, die alle Voraussetzungen für einen unvermeidlichen Angriff bot. Ein Bauer hatte mit seinem ungewöhnlich starken Schäferhund eine Rotte Sauen von seinem gegatterten Feld vertreiben wollen. Dabei waren mehrere Überläufer in einen der Gatterwinkel geraten. Einen der ausgewachsenen Überläufer hielt der Hund dort fest. Mit Rücksicht auf den Hund und den Bauern konnte ich von meinem Gewehr keinen Gebrauch machen. Also versuchte ich, die Sau mit der blanken Waffe abzufangen. Bevor ich ihr die Klinge ins Herz stoßen konnte, befreite sie sich vom Hund und versetzte mir einen heftigen Schlag gegen den Unterschenkel. Ich merkte es in der Aufregung kaum. Als der Schäferhund den Überläufer abermals gepackt hatte, gelang es mir dann doch noch, ihn mit der blanken Waffe zur Strecke zu bringen. Es war eine außergewöhnliche Situation; grundsätzlich erlegen wir unser Wild auf humanere Weise. Immerhin ließ mich diese Situation erleben, wie unsere Vorderen einst gejagt haben.

In meinem mecklenburgischen Revier war auf einer Drückjagd ein starker, etwa sechsjähriger Keiler angebleit worden. Die Nachsuche am nächsten Tag kostete mich in einer engen, regennassen Dickung das Leben meines elfjährigen geliebten Teckels. Ich hatte ihn geschnallt, und gemeinsam mit zwei weiteren Hunden stellte er den Keiler. Plötzlich klagte er schrill auf. Jede Vorsicht außer acht lassend, ging ich den mir in der tiefbeasteten Dickung unsichtbaren Keiler an; erst als ich mich auf den Boden legte, sah ich ihn – und er mich. Sofort nahm mich der Keiler an. Zwischen zwei Pflanzreihen setzte ich ihm unmittelbar vor mir die Kugel auf den Schädel. Im Schuß rollte ich mich zur Seite. Der Keiler streifte meinen Körper – und drei Meter hinter mir brach er verendet zusammen. Wenig später fand ich meinen Teckel. Mit aufgerissener Flanke und heraushängenden zerfetzten Därmen hatte er sich an ein nahes Wasserloch geschleppt. Ein Schuß erlöste ihn von seinen Qualen . . .

Schwarzwild – wehrhaftes Wild! Möge es das noch lange bleiben! Um seinen Bestand müssen wir nicht bangen; in den letzten zwanzig Jahren hat sich in unserer „alten" Bundesrepublik Deutschland die jährliche Strecke mehr als verdreifacht; 1967/68 wurden 27 316, 1987/88 84 583, 1988/89 106 199 und 1990/91 sogar 152 315 Sauen erlegt. Im Durchschnitt der Jagdjahre 1936/39 waren auf dieser Fläche nur 10 121 Stück geschossen worden. Im Gebiet der damaligen DDR kamen in den Jahren 1958–1962 jährlich etwa 25 000 Sauen zur Strecke, 1990 hingegen 153 425! Hingegen betrug 1935/36 die Gesamtstrecke im damaligen Deutschen Reich ganze 30 768 Stück! Um den Bestand nicht weiterhin ausufern zu lassen und ihn vor der akuten Gefahr der plötzlich ausbrechenden, zumeist katastrophenartig wirkenden Schweinepest zu bewahren, müssen wir ihn noch stärker als bisher bejagen. Das aber muß besser als bisher darauf abzielen, urige Bassen in unseren Wäldern heranwachsen zu lassen, die allein unserer Vorstellung vom Schwarzwild als einem wirklich wehrhaften Wild entsprechen.

Der Hase, ein von Mythen und Rätseln umwobenes Wild

Viele Jäger, auch ich selbst, erbeuteten als erstes Wild in ihrem Leben einen Hasen. Die Erinnerung daran löscht auch eine später noch so reichhaltige Strecke an stärkerem Wild nicht aus; zu eindrucksvoll ist das erste jagdliche Erlebnis, als daß es uns in Vergessenheit geraten könnte. Wer immer als erste Beute einen Hasen erlegte, wird zu seiner Sippe stets ein von besonderem Reiz geprägtes Verhältnis behalten.

Der Hase ist eines der ersten Tiere, von denen wir als Kinder erfahren: Als Osterhase bringt er uns die Ostereier – ein liebenswertes Märchen, dessen Ursprung wir in der Mythologie der germanischen Völker zu suchen haben.

Unter den weiblichen Gottheiten unserer Ahnen nimmt Frigga den höchsten Rang ein. Mit ihr verbunden – oder gar einer Gestalt – ist die vor allem von deutsch-germanischen Stämmen verehrte Göttin Ostara, die Östliche. Im Frühjahr, wenn die Natur erwacht, feierten ihr zu Ehren die Germanen das Fest der wiederkehrenden Sonne. Im christlichen Ostern lebt der Name der Frühlingsgöttin Ostara fort. Die Speisen, die man ihr als Opfergaben darbrachte, waren Symbole der Auferstehung und Fruchtbarkeit; sie haben sich bis heute in Form von Osterfladen, Ostereiern und Osterhasen erhalten. Der Hase war der Frühlingsgöttin Ostara als Symbol der Fruchtbarkeit heilig.

Die Legende um den Hasen wurde im Lauf der Jahrhunderte mehr und mehr verfälscht, bis man den Hasen, den Sinn einst heiliger Opfergaben nicht mehr erkennend, zu einer Märchengestalt aufbaute, die den Kindern die Ostereier bringt. Noch um die Jahrhundertwende wurden auf dem flachen Land vielfach Fladen in Form von Hasen gebacken und verzehrt.

In der christlichen Symbolik verkörpert der Hase das Bild des reuigen Sünders, der zu Gott zurückkehrt. Ein Marmorepitaph in den Katakomben Roms zeigt einen Hasen, der einer Taube entgegenläuft, die im Schnabel einen Ölzweig hält.

Als Symbol der christlichen Lehre von der Dreieinigkeit (Trinität) finden wir gelegentlich über Kirchenportalen drei in einem Kreis zusammengefaßte Hasen, die graphisch so geschickt gruppiert sind, daß ihre im Mittelpunkt stehenden Köpfe zwar jeweils zwei, insgesamt aber doch nur drei Löffel (Ohren) in Form eines gleichseitigen Dreiecks aufweisen, deren Winkel jeweils zu einem Hasenkopf gehören.

Die Charakterisierung der Hasen wechselt von Volk zu Volk und von Jahrhundert zu Jahrhundert: In der 1498 in Lübeck gedruckten plattdeutschen Tierfabel „Rynke de Vos" wird der Hase als armer Schlucker dargestellt. Im 18. Jahrhundert bezeichnete man ihn als einen Narren und Dummköpfe unter den Menschen als Hasen. Galt er bei manchen Völkern als Verkörperung der Geilheit, so wurde er bei anderen als Feigling verachtet. „Angsthase" und „Hasenfuß" sind Attribute, die man noch heute ängstlichen und schreckhaften Menschen beilegt. Die Äthiopiden gar sollen ihn so sehr verachten, daß sie selbst auf den Genuß seines Wildbrets verzichten.

Viel Ungereimtes wurde in der Vergangenheit über die Biologie des Hasen geschrieben. So wurde ihm über lange Zeit nachgesagt, daß er mit offenen Augen schlafe. Erst neuerer Forschung blieb es vorbehalten, manch Rätselhaftes um sein Verhalten, seine Ernährung und seine Fortpflanzung zu klären. Und das, was die Wissenschaft heute als sichere Erkenntnisse über den Hasen anzubieten hat, ist hinsichtlich seiner physiologischen Eigenarten gewiß nicht weniger interessant als die ihn umrankenden Mythen, Allegorien und Fabeln.

Der Hase scheidet, wie alle hasenartigen Säugetiere, zwei in ihrer Größe und Konsistenz unterschiedliche Kotarten aus. Neben dem normalen, festen Kot wird im Blinddarm ein weicher, bakterienreicher, mit Schleim durchsetzter Kot gebildet. Erst der Wissenschaft unseres Jahrhunderts blieb die Entdekkung vorbehalten, daß dieser Kot vom Hasen wieder aufgenommen wird – eine Eigentümlichkeit, auf die der Wissenschaftler MOROT bereits 1882 beim Kaninchen hinweisen konnte. Eingehende Untersuchungen lassen vermuten, daß der hohe Bakteriengehalt des Blinddarmkotes zur Bildung von Vitaminen, insbesondere von Vitamin B, führt. Hindert man den Hasen daran, den Vitaminkot aufzunehmen, treten vorübergehend Ausfallerscheinungen ein; erst die Aufnahme von frischem Grünfutter behebt diese Mangelerscheinungen.

Nicht weniger aufschlußreich sind Erkenntnisse, die man hinsichtlich der Fortpflanzung des Hasen gewonnen hat. Die Häsin ist 42 Tage trächtig. Bis vor wenigen Jahrzehnten glaubte man noch an eine wesentlich kürzere Tragzeit, ließ sich doch einwandfrei beobachten, daß die Häsin in bedeutend kürzeren Abständen ihre Jungen zur Welt bringt. Erst in unserem Jahrhundert wies der Wissenschaftler HEDIGER eine „Superfötation" beim Hasen nach, das heißt, daß die Häsin trotz bereits bestehender Trächtigkeit erneut reife Eier bildet und diese auch befruchtet werden; sie trägt dann zwei Würfe gleichzeitig in der Tracht, die je nach dem Zeitpunkt der zweiten Kopulation in mehr oder minder kürzerem Abstand zur Welt kommen. – Es muß uns verblüffen, wenn wir aus der Literatur erfahren, daß bereits vor

2 400 Jahren HERODOT auf eine „Superfötation" beim Hasen hinwies – eine Erkenntnis, die im Laufe der Jahrtausende in Vergessenheit geraten war. Neben dem Kaninchen ist der Hase das einzige uns bekannte Säugetier, das unabhängig von einer bestehenden Trächtigkeit erneut befruchtet werden kann.

Ausschließlich in reinen Hochwildrevieren zu Hause, habe ich in sechzig Jahren jagdlicher Betätigung wesentlich mehr Schalenwild als Hasen erlegt – dennoch war mir der Hase stets ein interessantes Wild, das mich in ungezählten Stunden geruhsamen Ansitzes mit seinem Anblick erfreute. Stundenlang konnte ich Meister Lampe zuschauen, wenn er sich genüßlich die leckersten Bissen, saftigen Löwenzahn im Sommer oder grünen Ginster im Winter, einverleibte.

Einmal saß einer vor mir, dem es offenbar an der Löffelspitze juckte. Mit dem Vorderlauf bog er den Löffel in den Bereich seiner Nagezähne, um mit ihnen den Juckreiz zu lindern, doch schnellte der Löffel ein jedes Mal zurück. Wohl zwanzigmal wiederholte sich dieser Vorgang, bis Lampe verärgert mit den Hinterläufen auskeilte und in der nahen Dickung verschwand.

„Hasenhochzeiten" boten mir allemal einen erheiternden Anblick, tragen doch die Rammler wahre Faustkämpfe um die Häsin aus, bevor es endlich für den erfolgreichsten Rammler zur Begattung mit ihr kommt.

Als Schrotschütze allenfalls leidlicher Durchschnitt, erinnere ich mich besonders gern an die von mir mit der Kugel erlegten Hasen – eine zwar nicht übliche, von mir aber gelegentlich mit Erfolg praktizierte Methode, einen Hasen zu erbeuten.

Der Zufall wollte es, daß ich an einem Vormittag bei Schnee gleich zwei Hasen mit meiner Repetierbüchse schoß. Weiches, sonniges Wetter hatte die Hasen im Wald noch bei hellem Tag auf den Läufen gehalten. Den ersten sah ich nur mit dem Kopf über eine leichte Bodendelle ragen. „Den holst du dir", dachte ich, „der Schuß auf den Kopf zerstört sein Wildbret nicht". Es klappte. Zehn Minuten später rückte ein Hase vor mir gemächlich durchs Stangenholz. Als er verhielt, deckte ein Stamm seinen Körper, wiederum aber bot sich mir sein Kopf als Ziel an. Auch ihn erlegte ich mit sauberer, das Wildbret schonender Kugel.

Bei einem Vorstehtreiben im Wald kam mir spitz von vorn ein Hase. Der erste Schrotschuß aus meinem Drilling ging daneben, der zweite ließ den Hasen unverletzt zur Seite hin flüchten. Ärgerlich, ihn zweimal verfehlt zu haben, stellte ich den Drilling auf „Kugel" um, zog mit – und der Hase roulierte mit abgezirkeltem Kopfschuß. Natürlich war es reiner Zufall, daß ich ihn so sauber getroffen hatte. Nach dem Treiben dann fragte der die Jagd leitende Forstmeister, wer, wie deutlich zu hören gewesen sei, von den Schützen zweimal mit Schrot und einmal mit der Kugel geschossen habe. Als ich mich zu den Schüssen bekannte, meinte er, den mit der Kugel geschossenen Hasen möge ich gefälligst selbst verwerten; viel sei von ihm gewiß nicht übriggeblieben. „Aber Herr Forstmeister", entgegnete ich ihm, „Sie wollten doch zum Weihnachtsfest einen Hasen haben, und da werde ich Ihnen doch keinen zerschossenen liefern! Ich habe ihm bewußt die Kugel auf den Kopf gesetzt. Sehen Sie doch selbst!" Geglaubt hat mir das natürlich keiner der in lautes Gelächter ausbrechenden Jagdgesellschaft.

Wenn ich heute auf sechs Jahrzehnte erfolgreichen Jagens zurückblicke, nimmt in der Erinnerung der Hase wahrlich nicht den letzten Platz in der Fülle beeindruckender Erlebnisse ein.

Drei Hasen mit nur drei Löffeln so zu zeichnen, daß doch jedem derselben sein natürliches Paar zuteil werde, scheint eine schwierige Aufgabe, doch soll ein alter Glockengießer im Hessischen, der „Hase" geheißen, schon vor Jahrhunderten jenes Kunststückchen erfunden haben. Aber auch im Maßwerk eines gotischen Fensters des Paderborner Domes finden wir schon die gleiche Darstellung.

Forstmeister W. Hulverscheidt schreibt in „Der erste Krumme":

> Und heute noch, im Herbst, mit grauen Haaren
> sitz ich am Hasenpasse einmal wieder an,
> und wie in meinen grünen Lehrlingsjahren
> klopft mir das Herz um – einen Mümmelmann.

Der „erotische" Block

In dem von mir ein Vierteljahrhundert bewirtschafteten Forstort Lohe liegt unweit des Siedenholzweges unter alten Eichen und Buchen ein wohl mehrere Tonnen schwerer Findling. Nur seine Oberfläche ragt noch aus dem Erdreich, junger Fichtenanflug überschattet ihn, Reisig, achtlos liegengelassen, verdeckt seine Flanken.

Vor langer Zeit im oberen Drittel freigegraben, zeigte er sich vor der Sturmkatastrophe im Jahre 1972 noch in beeindruckender Mächtigkeit. Im Winkel zweier Wege gelegen, bot er sich in vielen Jahren den Jägern als Treffpunkt für die Jagden an; den Jagdgästen meiner Revierförsterei war er seinerzeit noch unter der ungewöhnlichen Bezeichnung „Erotischer Block" bekannt.

Seinen merkwürdigen Namen verdankt der Findling einer geologisch nicht bewanderten Angestellten der zuständigen Naturschutzbehörde. Als er bereits vor etlichen Jahrzehnten unter Schutz gestellt werden sollte – inzwischen ist das geschehen – und die junge Dame das zuständige Forstamt über dieses Vorhaben unterrichtete, war in ihrem Schreiben aus dem „erratischen" ein „erotischer" Block geworden; offensichtlich brachte sie der vitalen Körperlichkeit mehr Verständnis entgegen als der toten Materie.

Als „erratische Blöcke" (lat.: *erraticus* = umherirrend) werden von den Wissenschaftlern die von Gletschern weit aus ihrer ursprünglichen Heimat versetzten Felsblöcke bezeichnet. Die zu uns in die norddeutsche Tiefebene gelangten Findlinge wurden während der Eiszeit aus Skandinavien zu uns verfrachtet.

Wenigstens 15 000 Jahre liegt der „Erotische Block" schon an seinem derzeitigen Platz. Was alles mag er in dieser langen Zeit erlebt haben? Wildtiere, die längst ausgestorben sind, haben in seiner Nähe geäst oder als Raubwild ihre Beute geschlagen. Gewiß hat er noch den Urhirsch, den Elch, den Bären und den Luchs gesehen. Noch vor wenig mehr als dreißig Jahren wechselte an ihm ein letzter Wolf vorüber; mein Hund wies mir mit gesträubten Nackenhaaren und von Panik ergriffen seine Fährte, bevor er zwei Tage später in der Nähe der benachbarten kleinen Ortschaft Unterlüß erlegt wurde.

Steinzeitmenschen jagten hier mit ihren noch primitiven Waffen aus Holz und Feuerstein. Rentierjäger wanderten aus dem Osten ein und schleuderten den Speer mit der Wurfstange. Nach ihnen drangen germanische Völker ins Land, Kriege entbrannten – die Geschichte nahm ihren verwirrenden, oft blutigen Verlauf.

Unberührt von allem blieb der Findling im Loher Holz – bis eine merkwürdige Spur ihn zeichnete, ähnlich der eines schnürenden Fuchses im Schnee.

In gerader Linie laufen über den Findling kleine, fingergliedtiefe längliche Dellen, deren Regelmäßigkeit uns das Werk von Menschen verrät. Den Zweck dieser Vertiefungen kennen wohl nur noch wenige Zeitgenossen. Sie sind Zeugnis einer noch vor hundert Jahren weit verbreiteten Gepflogenheit, Findlinge ohne Rücksicht auf ihren ästhetischen und historischen Wert zu zertrümmern, um sie bruchstückweise für bauliche Vorhaben zu verwenden – eine Gepflogenheit, der unzählige vorgeschichtlich wertvolle Megalithgräber (Hünengräber) zum Opfer fielen.

Die Technik der Zertrümmerung von Findlingen war vor der Verwendung von Schießpulver und Sprengstoff noch recht primitiv. Als Junge erlebte ich sie noch in meiner mecklenburgischen Heimat, wo sich die Bauern ihrer noch gelegentlich bedienten, um Granitblöcke für den Bau stabiler Haus- und Stallfundamente zu gewinnen. Mit Hammer und Meißel schlugen sie in zeitraubender Arbeit in die Findlinge eine Reihe von Löchern mit einem Durchmesser von etwa fünf und einer Tiefe von fünfzehn Zentimetern; der Abstand von Loch zu Loch betrug ungefähr zehn bis zwanzig Zentimeter. Aus Erfahrung wußten sie, wie ein Findling am besten zu zerlegen ist; bei jedem Stein galt es zu erkennen, wie er „gewachsen" war und am leichtesten zerspringen würde.

Waren die Löcher in mühsamer Arbeit hergestellt, wurden Holzpflöcke in sie geschlagen und wiederholt mit heißem Wasser getränkt. Das Wasser ließ die Pflöcke aufquellen, ihr Druck brachte den Findling zum Platzen. Bei starker Kälte half Frost, den vorbehandelten Stein zum Zerreißen zu bringen. Seine weitere Zerlegung erfolgte, je nach Größe der Bruchstücke, in gleicher Weise oder durch geschickte Schläge mit dem Steinhammer.

Der „Erotische Block" zeigt uns die Spuren dieser längst überholten Technik. Erfreulicherweise wurde seinerzeit das zerstörerische Werk an ihm nicht vollendet, und so kann er uns noch als Anschauungsobjekt für eine längst in Vergessenheit geratene Technik der Steinzertrümmerung dienen.

Ein wenig stolz bin ich schon darauf, daß der „Erotische Block" auf meine Anregung hin unter Naturschutz gestellt wurde.

Eine Kostbarkeit des Hochmoores

Wo habe ich damals nur meine Augen gehabt, als ich noch in meinem Heiderevier jagte und mir das darin eingebettete Hochmoor vielfältigen Anblick bot?

Rotwild und Sauen zogen über das Moor. Ich freute mich an ihrem Anblick und griff nur zum Gewehr, wenn es den Abschußplan zu erfüllen galt. Nebel lag am frühen Morgen über dem Moor, Dämmerung hüllte es in den Abendstunden ein. Sooft ich es auch aufsuchte, stets offenbarte es sich mir als eine urtümliche, von Jahrtausenden gestaltete Landschaft, deren charakteristischem Reiz ich mich nicht entziehen konnte. Dennoch war ich in all den Jahren, das Moor vielleicht allzu ausschließlich mit den Augen des Jägers betrachtend, an einer seiner Kostbarkeiten vorübergegangen, auf die mich erst jetzt mein Nachfolger als Revierbeamter aufmerksam machte.

Es war eine winzige, leicht zu übersehende Pflanze. Es kränkte mich, sie nicht entdeckt zu haben, und ich fragte meinen Kollegen, ob er sich sicher sei, daß sie sich nicht erst nach meiner Pensionierung hier angesiedelt habe. Ich maße mir nicht an, alle Pflanzen unserer Heimat zu kennen – nur einem versierten Botaniker wäre das vielleicht möglich –, diese aber war mir, so selten ich sie auch zu sehen bekommen hatte, auf den ersten Blick hin bekannt. Es war der zu den fleisch- und insektenfressenden Pflanzen zählende, besonders geschützte Rundblättrige Sonnentau (*Drosera rotundifolia*). Ihn hier heute noch in der Südheide anzutreffen, begeisterte mich, und ich fragte den Kollegen, wie er den Sonnentau entdeckt habe. Ehrlich gestand er mir, ihn in Begleitung eines versierten Freundes gefunden zu haben, als sie im Hochmoor auf einige Exemplare des ihm unmittelbar benachbarten Lungenenzians aufmerksam geworden waren. Vom Lungenenzian aber wußte ich mit Sicherheit, daß es ihn im Moor vor einem Jahrzehnt noch nicht gegeben hatte. Immer noch ist es also möglich, daß dort, wo der Mensch nicht in die Umwelt eingreift, die Natur mit Überraschungen aufzuwarten vermag.

Zu den Insektivoren, den insektenfressenden Pflanzen, zählen die Droserazeen, die auch bei uns heimischen Utrikulariazeen (Wasserschlauchgewächse), die Sarraceniazeen und die Nepenthazeen. Erstmals wurde eine insektenfressende Pflanze in einem 1769 an LINNÉ gerichteten Brief des amerikanischen Naturforschers ELLIS erwähnt; es handelte sich dabei um die Venusfliegenfalle (*Dionaea*), die mit ihren zusammenklappenden Blättern Insekten fängt und aussaugt. Der Franzose DIDEROT (1713 bis 1748) legte ihr als erster den Namen einer „fleischfressenden" Pflanze (une plante presque carnivore) bei. 1782 beobachtete ROTH ein ähnliches Verhalten der auf unseren Hochmooren wachsenden Sonnentauarten, deren Blätter mit schleimaussondernden Drüsen ausgestattet sind und sich ebenfalls, wenn auch langsamer, um das gefangene Insekt schließen. Obwohl schon bereits damals von aufmerksamen Botanikern behauptet wurde, der Sonnentau sei durch ausgeschiedene Säfte imstande, Insekten und selbst auf seinen Blättern ausgelegte Fleischstückchen aufzulösen und zu verdauen, erregte doch erst DARWIN nach einer Reihe systematischer Versuche und Beobachtungen an dieser Pflanze mit einer 1875 erfolgten Veröffentlichung über das Verhalten insektenfressender Pflanzen weltweites Aufsehen unter den Wissenschaftlern. Bereits um die Jahrhundertwende kannte man über 350 Arten insektenfressender Pflanzen auf allen Kontinenten.

Die dem Tierfang dienenden Einrichtungen dieser Pflanzen funktionieren als Klappfallen, Leimruten oder Fallgruben. Demnach unterscheiden die Wissenschaftler sogenannte „Schließfänger", „Drüsenfänger" und „Schlauchfänger".

Zu den Drüsenfängern zählt unser einheimischer, auf Torfmooren wachsender Rundblättriger Sonnentau. Mit nur kleinen empfindlichen Wurzeln ausgestattet, versteckt sich der Sonnentau zumeist in der Gesellschaft von Torfmoos, Erikaheide und Glockenheide. Aus seiner grundständigen, braunrot gefärbten Blattrosette erhebt sich im Juli/August der Blütenstengel mit weißen Kronblättern. Seine langgestielten, kreisrunden, nur etwa einen Quadratzentimeter großen Blätter sind mit zahlreichen reizbaren roten Drüsenhaaren bedeckt, die in je einem Drüsenköpfchen enden. Die Drüsenköpfchen scheiden eine klebrige, klare Flüssigkeit, den „Sonnentau", aus, von der kleine Insekten festgehalten und verdaut werden.

Bereits um 1900 bewies BÜSGEN, daß regelmäßig mit Insekten gefütterter Sonnentau ungefütterten Exemplaren bedeutend an Vegetationskraft, an Zahl der Blütenstände, Kapseln und

Samengewicht überlegen ist. Doch sind die insektenfressenden Pflanzen nicht ausschließlich auf die durch den Tierfang gewonnene Nahrung angewiesen; sie können sich auch ohne diese Nahrung über ihre nur schwach ausgebildeten Wurzeln jahrelang am Leben erhalten.

Noch im vorigen Jahrhundert wurde der als „Sonnenkraut" und „Jungfernblüte" bezeichnete Sonnentau arzneilich genutzt. Sein Drüsensekret sollte Warzen vertilgen, sein Kraut die Milch gerinnen lassen. In Italien wurde das Kraut des Sonnentaus Likören, dem „Rosoglio" und dem „Ros solis", zugesetzt; als Ingredienz war es in dem berühmten, mit Blattgoldflitterchen durchsetzten „Danziger Goldwasser" enthalten; alte Danziger werden sich noch an die „Breitgasse" erinnern, in der im „Lachs" dieser feine Likör hergestellt wurde.

Seien wir glücklich, daß der den Wissenschaftlern noch vor zwei Jahrhunderten so rätselhafte Sonnentau noch heute in der Südheide in der für ihn charakteristischen Gesellschaft von Torfmoos, Lungenenzian, Glockenheide und Segge so stark vertreten ist, daß wir hoffen können, ihn dort auch in den kommenden Jahrzehnten noch vorzufinden!

Doch frage man mich bitte nicht nach seinem genauen Standort! Noch immer hat es sich für den Schutz seltener Tiere und Pflanzen als ratsam erwiesen, ihr örtliches Vorkommen Geheimnis weniger Eingeweihter bleiben zu lassen. Ob es sich um Horste des Kolkraben, des Wanderfalken oder des Schwarzstorches, um die Standorte des Sonnentaus oder des Knabenkrautes handelt – erhalten können wir sie nur, so bedauerlich das auch für viele Naturfreunde sein mag, wenn sie nicht der Allgemeinheit bekannt werden. Zu viele Zeitgenossen lassen es leider letzten Relikten unserer Fauna und Flora gegenüber an Verantwortungsgefühl fehlen.

Wer kennt noch den Gaspeldorn?

Vor gut dreißig Jahren machte ich in meinem Revier nahe der kleinen im Kreis Celle gelegenen Ortschaft Lohe eine für Botaniker höchst interessante Beobachtung.

Nordwestlich von Lohe befand sich in der Feldmark, mit einer Seite an den Wald grenzend, ein etwa siebzigjähriges, dicht geschlossenes Fichtenaltholz, etwa zwei bis drei Morgen groß. Mangelnder Lichteinfall und eine dichte Rohhumusschicht ließen unter den Fichten keinerlei Vegetation aufkommen. Den Pächter der angrenzenden Felder behinderte das in die Feldmark ragende Altholz bei der Bewirtschaftung seiner Äcker. Er bat mich, die Fichten einzuschlagen und ihm die bis dahin waldbaulich genutzte Fläche als Ackerland zu überlassen. In Anbetracht der schlechten Qualität der Fichten erklärte sich die Forstverwaltung damit einverstanden und trug dem Pächter auf, das Land nach dem Einschlag der Fichten urbar zu machen; für drei Jahre sollte ihm dafür der entsprechende Pachtzins erlassen werden.

Der Pächter ließ sich mit dem Roden der Baumstöcke und dem Vollumbruch der Fläche mehr Zeit, als ihm zugestanden worden war; erst nach vier Jahren nahm er die ihm aufgetragene Arbeit in Angriff. Inzwischen hatte sich die Fläche überraschend mit einer dicht wuchernden, in der Umgebung sonst nirgends vorkommenden Pflanze bestockt. Es war der Gaspeldorn, auch „Stechginster" genannt (*Ulex europaeus*), der sich hier breitgemacht hatte. In vier Jahren hatte er auf dem ihm hier offenbar besonders zusagenden Boden eine Höhe von über eineinhalb Metern erreicht. Seine ungemein harten, bis vier Zentimeter langen Stacheln – botanisch gesehen sind es zu Dornen erhärtete dünnnadlige Blätter – machten es fast unmöglich, die von ihm beherrschte Fläche zu betreten.

Wie aber war es möglich, daß sich der Gaspeldorn schlagartig auf der gesamten, nach dem Abtrieb der Fichten brachliegenden Fläche ausbreitete? Hatte sich sein fetthaltiger, hartschaliger Samen, dem Alter der Fichten entsprechend, über siebzig Jahre unter der Nadelstreu keimfähig gehalten?

Eine andere Erklärung für die überraschende Ausbreitung des Gaspeldorns auf der von den Fichten geräumten Fläche wird schwerlich zu finden sein. Akzeptieren wir diese Vermutung, bleibt immer noch die Frage nach der Vegetation dieser Fläche vor ihrer Bestockung mit Fichten. Dominierte auf ihr bereits damals der Gaspeldorn? Und wie konnte er sich bereits seinerzeit dort so stark ausbreiten?

Bekanntlich wurden die Wälder in der Lüneburger Heide im Mittelalter durch den Holzbedarf der Salinen in Lüneburg und Sülze (Kreis Celle) weithin vernichtet. Noch 1797 berichtete Küttner in seiner Reisebeschreibung über die Lüneburger Heide:

„Der Boden dieses Geländes ist eine ungeheure Sandwüste, die von Natur entweder ganz nackt ist oder Heidekraut oder dürre stechende Halme hervorbringt."

Es verlockt, in den „dürren stechenden Halmen" einen Hinweis auf das Vorkommen des Gaspeldorns zu erkennen. Da dieser aber wildwachsend zu keiner Zeit größere Verbreitung gefunden hat, kann aus der auf die gesamte Heide abzielenden Bemerkung nicht ohne weiteres auf den Gaspeldorn geschlossen werden.

Eine im Rahmen der Kurhannoverschen Landesaufnahme im 18. Jahrhundert erstellte Karte weist aus, daß noch vor 200 Jahren die nähere Umgebung der Ortschaft Lohe unbewaldet war. Es ist mit Sicherheit anzunehmen, daß der Mitte der fünfziger Jahre abgetriebene siebzigjährige Fichtenbestand Teil einer bereits im vorigen Jahrhundert in Angriff genommenen allgemeinen Wiederaufforstung der Heide war und die von ihm bestockte Fläche zuvor von dem in Lohe ansässigen Bauer landwirtschaftlich genutzt wurde.

Aus anderen Unterlagen wissen wir, daß noch um 1850 auf dem Hof Lohe etwa 1000 Schafe gehalten wurden; im nur einen Kilometer entfernten Dorf Dalle hielt man seinerzeit auf fünf Höfen etwa 2000 Schafe. Bereits fünfzig Jahre später gab es in Lohe und Dalle keine einzige Schafherde mehr; infolge einer allgemeinen Strukturkrise der Heidelandschaft war die Schnukkenhaltung unwirtschaftlich geworden.

Zweifellos besteht zwischen der Schafhaltung um die Mitte des vorigen Jahrhunderts und dem überraschenden Auftreten des Gaspeldorns auf immerhin erheblicher Fläche um die Mitte unseres Jahrhunderts ein schlüssiger Zusammenhang.

Meyers Konversationslexikon von 1908 ist zu entnehmen, daß noch Ende des vorigen Jahrhunderts der bis 1,60 Meter hohe Gaspeldorn als Schaf- und Pferdefutter angebaut wurde. Wenn es zutrifft – und daran ist wohl nicht zu zweifeln –, daß der Samen des Gaspeldorns seine Keimfähigkeit auch nach Jahrzehnten noch nicht verloren hat, muß daraus gefolgert werden, daß irgendwann vor der Begründung des siebzigjährigen Fichtenbestandes auf dessen Fläche Gaspeldorn als Futterpflanze angebaut wurde. Zwar hatte man bereits seinerzeit einen Gaspeldorn mit weniger dornig erhärteten Blättern für die Schafweide gezüchtet, es ist jedoch denkbar, daß er im Laufe der Zeit verwilderte und sich auf seine ursprüngliche Form zurückentwickelte. Zu erwähnen ist, daß als Pferdefutter auch der noch nicht durch entsprechende Züchtung „entschärfte" Gaspeldorn seinen Wert hatte.

Der Gaspeldorn gehört zu den Schmetterlingsblütlern. Seine gelben Blüten stehen einzeln in den Blattachseln der oberen Blätter. Beheimatet ist er im Süden Mitteleuropas, wildwachsend kommt er aber vereinzelt auch auf sauren Böden in den küstennahen, durch hohe Luftfeuchtigkeit ausgezeichneten Heiden Nordwestdeutschlands vor.

Heute zeigen sich am Rand der Loher Feldmark nur noch spärliche Reste des hier Mitte der fünfziger Jahre noch üppig wachsenden Gaspeldorns. Auch als Relikte dürften sie noch ein Beweis dafür sein, daß der Gaspeldorn hier im vorigen Jahrhundert als Futterpflanze angebaut wurde. Leider wissen sich selbst alte ortsansässige Landwirte nicht mehr daran zu erinnern.

Schwarzer Holunder

„Reiche Holunderblüte – reiche Rebenernte!" Wenn dieses Wort der alten Winzer zutrifft, wird heuer der Rebensaft besonders reichlich und in guter Qualität fließen. Überall an Wiesen und Weiden, an Hecken und Waldrändern entfaltete der Schwarze Holunder (*Sambucus nigra*) in üppiger Pracht seine weißen, schirmartigen Trugdolden.

Im Volksmund Holder, Holler, Flieder oder auch Schiebikenstrauch genannt, stand der Schwarze Holunder bei unseren Vorfahren in hohem Ansehen. In ihm wohnte der gute Geist des Hofes, und Frau Ellhorn, die Hollermutter, schützte das Haus vor Feuersgefahr und das Vieh vor Seuchen.

„Fleedertee, Fleedertee – Mudder mi deiht de Buuk so weh!" sangen wir einst als Kinder, und unsere Eltern wußten noch um den Wert des Holderstrauches als uraltes, vielseitiges Hausmittel: Ein Sud aus seinen Blüten wirkte schweißtreibend, der dunkelviolette Saft seiner reifen Beeren als Arznei bei Erkältungen und Magenverstimmungen, der frisch ausgepreßte Saft seiner Wurzel abführend und gleichzeitig kräftig harntreibend.

Noch um die Jahrhundertwende wurden Holunderbeeren zum Färben von Portwein und zur Erzeugung von Branntwein verwendet. Die Jäger benutzten sie als Köder in den heute längst verbotenen Dohnen, den Roßhaarschlingen, in denen sie die als Krammetsvögel bekannten Wacholderdrosseln fingen. Drechsler und Tischler verwerteten das harte, gelblichweiße Holz des Holunders für besonders feine Arbeiten. Selbst sein weißes Mark war begehrt: zu Kügelchen verarbeitet, wurde es für Elektrisiermaschinen, in der Mikroskopie und von Uhrmachern benötigt. Im Überfluß unserer Zeit wissen nur wenige Menschen noch eine aromatische, wohlschmeckende Suppe aus reifen Holunderbeeren zu schätzen.

Der Schwarze Holunder wird, als Strauch oder Baum, annähernd zehn Meter hoch. Seine dunkelgrünen, unterseits etwas helleren Blätter sind unpaariggefiedert, eiförmig zugespitzt und scharf gezähnt. Die Äste sind zumeist bogenförmig abwärts gekrümmt. Das Mark der Äste, deren Rinde nicht gerade angenehm riecht, ist schneeweiß und schwammig. Im Juni/Juli, während der Blütezeit, stehen die flachen endständigen Trugdolden aufrecht; später hängen sie durch das Gewicht der heranreifenden Beeren herab. Ende September/Anfang Oktober sind die kugeligen, schwarzvioletten Beeren reif – ein zu dieser Zeit von vielen Vögeln begehrter Leckerbissen.

Auch wir sollten uns wieder der schmackhaften Beeren erinnern und sie als rechte Gottesgabe nutzen. Man darf sie jedoch nicht in rohem oder unreifem Zustand verzehren oder verarbeiten, da sie – wie auch die unreifen Blüten, Blätter und insbesondere die Rinde – eine Substanz enthalten, die zu Brechdurchfall führen kann. Auf den Genuß von Früchten, die sich an stark befahrenen Straßen, besonders an den windabgekehrten Seiten befinden, muß man derzeit verzichten, da sie zu schadstoffbelastet sind. Es ist auch darauf zu achten, daß Kinder und andere schutzbedürftige Personen keine rohen oder unreifen Früchte verzehren. Darüber, wie man aus dem Schwarzen Holunder andere Nahrungsprodukte, wie zum Beispiel Tee, herstellt, informieren spezielle Bücher.

Weniger häufig kommt bei uns der Traubenholunder (*Sambucus racemosa*) vor, auch „Hirschholunder" genannt. Er bevorzugt als Standort Kahlschläge und lichte Waldstellen auf nährstoffreichen, doch eher kalkarmen Böden. Allenfalls drei Meter hoch, unterscheidet er sich vom Schwarzen Holunder durch seine bereits im Spätsommer reifenden, alsdann leuchtend scharlachroten Beeren, deren Fruchtfleisch reich an Vitamin C ist. Vorsicht ist jedoch vor dem Genuß seiner Samen und Kerne geboten; sie enthalten einen giftigen Stoff, der zu mehr oder minder schweren Brechdurchfällen führen kann. Auch hier sind die Vorsichtsmaßnahmen zu beachten, die beim Schwarzen Holunder erwähnt wurden, was den Genuß und die Verarbeitung von Beeren, Blüten, Blättern und Rinde betrifft.

Schützt die Baumveteranen!

Vor fast hundert Jahren schrieb ein Forstmann ein „Gebet des Baumes":

> Mensch, ich bin die Wärme deines
> Heims in kalten Winternächten,
> der schirmende Schatten, wenn
> des Sommers Sonne brennt.
> Ich bin der Dachstuhl deines Hauses,
> das Brett deines Tisches.
> Ich bin das Bett, in dem du schläfst,
> und das Holz, aus dem du deine Schiffe baust.
> Ich bin der Stiel deiner Haue,
> die Tür deiner Hütte.
> Ich bin das Holz deiner Wiege
> und deines Sarges.
> Ich bin das Brot der Güte,
> die Blume der Schönheit.
> Erhöre mein Gebet – zerstöre mich nicht!

Der Wald liefert uns den Rohstoff, den wir für unser alltägliches Leben benötigen, doch nur als Ernte sollten wir ihm die Bäume entnehmen, seinen Bestand selbst aber dauernd erhalten. Der Wald würde zur Holzfabrik werden, wenn wir in ihm nicht mehr sehen würden als nur eine Produktionsstätte für unsere Bedürfnisse. Wir kennen seine vielfältigen Funktionen, ohne die ein Leben auf unserem Erdball unmöglich wäre. Wir dürfen aber auch seinen ästhetischen Wert nicht übersehen, der ihm nicht zuletzt von einzelnen, besonders eindrucksvollen Bäumen gegeben wird. Zumeist sind es von Wind und Wetter zerzauste

Veteranen, die uns keinen unmittelbaren Nutzen mehr bringen. Auch sie haben ihre Aufgabe, und das bis über ihren Tod hinaus. In ihren hohlen Stämmen brüten Eulen und verbergen sich Marder und Bilche, in ihrem Mulm leben die Larven bereits seltener Kerfe: des großen Mulmbocks, des stattlichen Gerbers und des vom Aussterben bedrohten Hirschkäfers.

Vor Jahrzehnten wurde mein Revier von einem Forsteinrichter mit dem Lineal in Abteilungen aufgegliedert, wurden Schneisen geschlagen und Jagensteine gesetzt. Eine der Schneisen führte geradewegs auf eine starke, bis zum Stammfuß beastete Fichte, wie es in ihrer Urigkeit keine zweite im Revier gab. Der allzu linearen Planung des Einrichters stand sie im Wege, ein Hindernis für die Holzabfuhr sah er in ihr und wollte sie fällen lassen. Es bedurfte hartnäckigen Widerstandes, sie zu retten; beiderseits der Fichte war ausreichend Platz, ihr mit der längsten Langholzfuhre auszuweichen.

Neben meinem wunderschön am Waldrand gelegenen Forsthaus stand am Wiesenrand eine weit über hundert Jahre alte, kerngesunde Hainbuche. In ihrem Schatten standen im Sommer die Rinder des benachbarten Bauernhofes. Jeden Wanderer entzückte ihr Anblick. Eingeweihte wußten, daß es weit und breit in dem fast reinen Nadelholzrevier – von einem dürftigen Exemplar abgesehen – nur diese eine Hainbuche gab. Eines Tages lag sie zu Brennholz eingeschnitten auf dem Hof des Forsthauses; mein Nachfolger hatte sie fällen lassen. Im Dorf war man empört, die wunderschöne Hainbuche nicht mehr auf ihrem Platz zu sehen. Man warf dem Revierbeamten vor, er habe sie fällen lassen, um billig, weil ohne weitere Anfuhr, an Brennholz für seine Ofenheizung zu gelangen. Hundert Jahre hatten sich die Bewohner des Forsthauses in ihrem Schatten wohlgefühlt. Schade! Ich hätte sie beizeiten unter Naturschutz stellen lassen sollen, doch wie konnte ich ahnen, daß man sie fällen lassen würde?

Verfehlt aber wäre es, diesen Vorfall zu verallgemeinern. Wer immer aus Passion Forstmann geworden ist, wird sich stets dem Natur- und Landschaftsschutz verpflichtet fühlen.

Offensichtlicher noch als dem Wald geben einzelne Bäume unseren Dörfern und Städten ihr Gepräge. Was wären unsere Heidedörfer ohne ihre alten, starken Eichen! Ohne die belebenden Konturen der Bäume würden sich nackte Wohnhäuser trostlos aneinanderreihen. Dennoch geschieht es immer wieder, daß besonders schöne, starke oder alte Bäume gefällt werden. Da hat es ein Bürger eines Tages satt, im Herbst das viele Laub der in seinem Garten stehenden Linde oder Eiche beseitigen zu müssen, oder fürchtet ein anderer, von der von Jahr zu Jahr stärker gewordenen Birke die Mauer seines Gartens gesprengt zu sehen. Ein Grund für die Beseitigung eines Baumes findet sich immer, sei er auch an den Haaren herbeigezogen. Die Gemeinden gehen manchmal mit bösem Beispiel voran, indem sie dem Verkehr den Vorrang vor den das Dorf schmückenden Bäumen geben. Dabei sollte jedes Dorf und jede Stadt stolz darauf sein, alte Bäume, vielleicht gar eine tausendjährige Eiche oder Linde, in ihren Mauern zu haben. Zum Wallfahrtsort, zur Touristenattraktion würde eine solche Ortschaft werden, doch Jahrhunderte, bevor es soweit ist, wird manchmal der Baum gefällt, der einem ganzen Dorf sein Gepräge hätte geben können.

Laßt uns im Baum mehr sehen als das Brett unseres Tisches, als die Tür unseres Hauses!

Die Birke

Als Knabe
lag ich einmal
unter deinen Zweigen
und blies,
wie Pan so sommerselig,
meine Flöte.
Der Abend kam,
die Nacht,
das Licht des vollen Mondes
tropfte von den Ästen,
dein weißer Leib
erblühte mir
und,
Zauber du
betörend stiller Nächte,
dein Bild
blieb immer Traum,
blieb immer Sehnsucht mir.

Wenn ich
heute
manchmal
meine breiten Hände,
diese Schalen

voll der grausam oft
und rücksichtslos
gehäuften Taten,
scheu zu dir
im Spiel des Windes
hebe,
wenn ich
also schuldig
nicht mehr wage,
sie
an deinen weißen Stamm
zu legen,
und ich dennoch
dann versinke
im Geflüster
deiner keuschen,
deiner schuldlos
schönen Zärtlichkeiten,
wird es
schmerzhaft
mir bewußt:
Gott nur
könnte sich
mit dir vermählen.

Wie ein Lächeln
ist der Tanz der Flocken...

Aus dem bleigrauen Himmel rieseln Schneeflocken. Lautlos schweben sie herab. Sie sind wie die Zeit – sanft und ohne Schwere und dennoch unaufhaltsam sich häufend. Bevor sie die Erde, den Baum, den Strauch bedecken, erscheinen sie wie ein Tanz im Unendlichen – als seien sie nur um des Tanzes willen da.

Die Stunde ruht in der Zeit. Geborgen steht sie in der weichen Dämmerung des späten Nachmittags, vor schweren Dickungen, am Rand des Birkenbruches, auf dem Fuhrenweg, in seiner Kehre neben regungslosen Machangeln.

Solange noch die Stubenwärme im Stahl meines Drillings ist, schmelzen die Schneeflocken auf dem dunklen Laufbündel. Bald aber bleiben sie auf ihm liegen, mehr und mehr, bis die Läufe weiß sind und ich selbst mich einfüge in das winterliche Bild der Bäume, der windgeworfenen Fichte, der Findlinge vor den Pfosten eines verfallenen Zaunes.

Ich weiß nicht, was mich veranlaßte, mich am Birkenbruch anzusetzen; im Westen meines Reviers ist die Tafel gewiß reicher gedeckt. Vielleicht trieb es mich, hier, in der weißen Stille, den ausklingenden Tag besinnlich zu verbringen. Das sanft gleitende Spiel der Schneeflocken überdeckt wohltuend die nervöse Spannung jagdlicher Leidenschaft. Ich weiß, daß mir am Birkenbruch kein Keiler kommen und kein Rotwild beschert sein wird – vielleicht werde ich einen Hasen oder ein Reh sehen –, doch erscheint mir das in dieser Stunde nicht wesentlich. Allzu ausschließlich griffen die Augen in den vom Beutewillen erfüllten Stunden des jagdhohen Herbstes nach dem Wild – und sahen nicht mehr den Rahmen, in den es gestellt, die Umwelt, in die es eingebettet ist. Es war wie das Trinken von Wein ohne das Wissen um die Weinberge und die Sonne – wie ein Gespräch, alltäglich und ohne eine Frage nach der Seele des Partners.

Zwei Goldhähnchen turnen über mir im Geäst. Ihre zarten Stimmen stoßen sich wie ihre zierlichen Füße an den bauschigen Schneepolstern, die weiß und weich auf dem Gezweig liegen. So greifen die Augen also wiederum nach einer Kreatur? Doch in ihnen steht nicht der harte Glanz der Beutelust; sie sehen mehr als nur die Kreatur, denn sie begreifen sie in ihrer wundersamen Welt. Kreatur und Umwelt finden den Weg in ein nun unvermittelt frohes und glückliches Herz. Und dieses Herz erinnert sich eines Friedens, der einst dem Kind gegeben war, das staunend vor den Wundern des Lebens stand – und doch nichts anderes als hier, zwei Vögel im Schnee, sah.

Wie groß ist das Einfache, wie eindringlich offenbart es sich, durch nichts beeinträchtigt, in seiner schlichten Schönheit! Verschwenderisch in seiner Großartigkeit stellt sich ein ganzer Wald, stellen sich Bruch und Dickungen, zwei vieltausendjährige Findlinge und ein altersgrauer Zaun als Panorama um zwei winzige Vögel, deren farbenfrohe Schönheit erst in diesem Rahmen, deren zarte Stimmen erst vor der Macht dieser Stille in ihrer silbernen Klarheit offenbar werden.

Zauberer Schnee! Er fiel auf Zweige und Zwiesel, um mir auf seiner weißen Hand zwei kleine Vögel zu präsentieren, an denen ich im Sommer achtlos vorüberging. Zwei Edelsteine, unsichtbar im Staub der Straße, leuchten und brennen nun auf seidenweichem Atlas.

Atlas, gewebt aus den Pollen längst vergangener Blüten, aus dem Staub kosmischer Sphären, gewirkt aus Milliarden von Wassermolekülen, von der Sonne aus dem Meer gehoben. Unbegreiflich das Gesetz, nach dem sich die Moleküle in der Kälte der Sphäre um Staub und Pollen zu geometrischen Gebilden fügen, von denen nicht eines der ungezählten Milliarden dem anderen gleicht, und die dennoch ausnahmslos in streng geordneten Winkeln von jeweils sechzig Grad sechs überirdisch schöne Strahlen bilden. Hauchzart rieseln die Schneeflocken herab – sie werden und vergehen.

Ich denke das so einfach daher. Ist das aber nicht das gültige Gesetz des Lebens an sich? Also sind auch die Schneeflocken auf meiner Hand Leben, lautloses, von Gott gewolltes und geformtes Leben?

Was wissen wir?

Wir suchen die Gesetze des Lebens zu erkennen, indem wir einen Leichnam sezieren, um seinen Knochen und Geweben vermeintlich letzte Geheimnisse zu entreißen – und wissen doch nichts von den göttlichen Gesetzen der Seele, von ihrer Geburt und ihrer Ewigkeit. Und stammeln den Namen Gottes in unserer Ohnmacht und wollen nicht die Gnade erkennen, die in unserem Unvermögen liegt, Gott zu entthronen, die Seele zu sezieren, sie in Materie umzuschmelzen, um sie als Uhrwerk einem Homunkulus in die kunststoffgefertigte Brust zu setzen.

Wie ein Lächeln ist der Tanz der Flocken, das Lächeln Gottes über die Gedanken eines Jägers, der ihm nahe zu sein glaubt.

Der Abend bricht herein, die Konturen verschwimmen, das Lächeln wird dunkler und schwer von Geheimnissen. Von fern leuchten die Lichter des Dorfes. Noch immer schneit es, und meine Spur verliert sich im Schnee . . .

„. . . und Friede auf Erden!"

Auf der Bundesstraße versperrt mir dichter Verkehr den Heimweg. Rücksichtslos überholt der Porsche den Volkswagen, der Mercedes den Opel. Keiner der Fahrer kümmert sich um den vor anwechselndem Wild warnenden Hinweis.

Mit zumeist unzulässiger Geschwindigkeit rasen sie nach Westen und Osten – in den Heiligen Abend, in die Besinnlichkeit. So hielten sie es wieder ein Jahr lang – und ließen 7 000 Tote und Zehntausende von Krüppeln zurück. Aus den Rundfunkgeräten ihrer Wagen kommen Nachrichten über Kriege und Unruhen in aller Welt, tönen atonale Rhythmen schreiender Bands, zersetzende Vorträge intellektueller Kommentatoren, Forderungen nach mehr Geld und weniger Arbeit – und immer wieder der Ruf nach Frieden.

Als sich endlich vor mir in der Blechlawine eine Lücke auftut, haste ich mit meinem Hund über die Straße. Der Wald nimmt mich auf, verschneite Dickungen dämpfen den Lärm hinter mir und lassen ihn im Fichtenaltholz bald gänzlich verstummen. Ich atme auf. In einer Viertelstunde können wir zu Hause sein, Frauchen wird die Kerzen anzünden, wir werden gemeinsam . . .

Nein, ich werde nicht in die Besinnlichkeit hetzen, als jage auch mich die Zeit. Bedachtsam soll mir der Abend reifen; ich will ihn mit dem Menschen teilen, der mir seit langer Zeit der liebste ist.

Ich denke an einen Tag im Krieg zurück. Es war Herbst, und ich hatte Urlaub von der Front bekommen. Zwei Tage hatte ich im Zug und auf Bahnhöfen verbracht, bevor ich in der Nacht in unserer Kreisstadt eintraf. Um dort nicht vier Stunden auf den nächsten Zug warten zu müssen, zog ich es vor, die restlichen 15 Kilometer, die mich noch vom Forsthaus trennten, zu Fuß zurückzulegen. Es drängte mich nach Hause. Ich malte mir die Freude des Wiedersehens mit meiner Frau in brennenden Farben, in allen Äußerungen des Herzens aus. Als ich die Grenze meines Reviers erreichte, stand der Mond über dem Wald und das Röhren der Hirsche füllte ihn wie ein Kirchenschiff das Dröhnen der Orgeln. Sehnsucht und Freude wollten mir das Herz sprengen. Dann stand ich vor dem Forsthaus, hinter dem strahlend die Sonne aufging. Nur die Hand brauchte ich noch zu heben, um an die Tür zu klopfen, um bei der Liebsten zu sein.

Und tat es nicht!

Nie wieder würde ich eine Stunde so voller Freude wie diese erleben. Sollte ich ungeduldig zerstören, was an der Front in harten Gefechten, auf nächtlichen Märschen im Dreck der Straßen, im Anblick verfallener Strohkaten zu reifen begonnen hatte und nun vor seiner Erfüllung stand? Nur die Hand brauchte ich noch zu heben . . .

Nur eine Viertelstunde trennt mich noch vom Weihnachtsbaum!

Damals saß ich auf der Gartenbank vor dem Forsthaus, bis die Sonne so hell schien wie die Freude in mir. Und ich kostete sie bis zur Neige aus. Jetzt gehe ich mit meinem Hund durch den Abend – und warte auf den Frieden. Ich will ihn mir einfangen, um ihn mitzunehmen, denn ich wüßte mir kein besseres Geschenk für den Menschen, der in 50 guten und bösen Jahren mit mir unter den brennenden Kerzen stand.

„. . . und Friede auf Erden!"

Ewiger Traum der Menschen? Ewiger Hohn auf ein Leben, das nur Kampf, nur Bestehen und Vergehen kennt? Weder unter den Menschen noch unter den Tieren gibt es Frieden. Angst und Gier bestimmen das Leben, Fressen und Gefressenwerden lautet sein erbarmungsloses Gesetz. Kein Pazifist wird etwas daran ändern können, so liebenswert naiv, schwärmerisch und uneigennützig er auch für den Frieden eintreten mag.

Ewiger Hohn . . .?

Unter den Fichten wird es dunkel, ihre schweren Stämme rücken in der Tiefe des Altholzes zusammen und geben nur hier und dort noch den Himmel und einen Stern frei. Das Licht schwindet und mit ihm alle scharfen Konturen. Warm und schützend steht der Wald um mich. Ich fühle mich in ihm geborgen. Wenn nirgendwo in der Welt – hier muß ich den Frieden finden! Hier in der Einsamkeit und in der Stille.

Hier bin ich allein, hier bin ich einer im All und alles in einem. Hier begegne ich einem einzigen Menschen, der zu mir, der zu sich kommt. Fürchte ich mich vor ihm? Fürchte ich mich davor, mich selbst zu erkennen: die Phrase, die häßlich den guten Willen verwässert; die Eitelkeit, die selbst den Verzicht noch überschattet; die kreatürliche Angst hinter tönenden Worten; die Unbescheidenheit, nur mich selbst zu sehen, mit der tödlichen Gefahr zu vereinsamen?

Mir selbst muß ich hier ins Antlitz blicken, um zu erkennen, was mir den Frieden raubt. Und auf den Wald, dessen von Gott gegebene Gesetze keine Phrase dulden, keine Feigheit, keine Eitelkeit und keine Furcht. Nicht in der absoluten, in der lebendigen Einsamkeit der Schöpfung tun sich mir die Wege auf, die in den Frieden führen. Es mag eine Gnade von Gott sein, als Kreatur jenseits von Gut und Böse zu stehen. Keine geringere Gnade ist es, Mensch zu sein. Denn ihm ist es gegeben, selbst über Gut und Böse zu entscheiden. Und es ist ihm die Gnade gegeben – zu lieben. Liebe aber ist Erkenntnis, und nur aus ihr heraus vermag sich der Mensch zu entscheiden – auch für den Frieden. Es ist Nacht geworden. Der Hund läuft mir voraus. Licht fällt auf unseren Weg, Licht aus den Fenstern des Forsthauses, Licht aus der Stille eines liebenden Herzens . . .

Wunde Hände

Leg, Herr, den Tag in meine Hände
und alles Licht, das du uns bist;
das Fenster und die kühlen Wände,
darin es Nacht gewesen ist;

die Tür, die ausgetretnen Stufen,
den Gast, der heute sie betritt
(vielleicht will er von hier dich rufen,
weil er in Städten steinern litt);

die Straße vor dem stillen Garten,
den Hund, der sich zu mir verlief,
sein Hungern und sein stummes Warten,
das mich mit deiner Stimme rief;

den Wald und was in ihm lebendig
zum Abend hin den Tag begeht;
den Tod, in dem durch dich beständig
das Leben wieder aufersteht.

Mit bloßen Händen will ich tragen,
was immer auch dem Tag geschieht,
obgleich – du wirst den Abend fragen,
ob ich nicht deinen Tag verriet.

Und als der Abend dir zu Füßen
und zornig stirbt der Tag vor dir,
da rufst du einen, dir zu büßen,
und Gott, mein Gott, dein Ruf gilt mir!

Das Fenster und die kühlen Wände
– Herr, sei du wieder Nacht darin
und laß mich tauchen meine Hände
in dich und allen Schmerz, der ich mir bin!

Der alte Herr

Der Tag hatte mir nichts als Ärger und Arbeit gebracht: In der engen Dickung, in der ich Holz auszeichnete, hatte ich mein Fernglas verloren, und ich fand es erst nach langem Suchen wieder; dann hatte mein Teckel eine Ricke gehetzt, fast eine Stunde hatte er mich warten lassen. Mürrisch kam ich zum Abendessen, schlang das Brot in mich hinein und wußte meiner Frau nicht besser zu begegnen als mit hämischen Bemerkungen. Ihr stilles Lächeln, mit dem sie meine Ungezogenheit abtat, reizte mich.

Nach dem Essen saßen wir im Wohnzimmer. Während ich verdrossen in der Tageszeitung blätterte, legte sie eine Platte auf, Mozart, gottlob keinen Jazz. Dann stellte sie zwei Kerzen auf den Tisch, zündete sie an und löschte, ohne mich zu fragen, das elektrische Licht.

„Was ist denn mir dir los? Was sollen die Kerzen?"

Keine Antwort. Lächelnd ging sie hinaus und kam mit einer Flasche Traben-Trarbacher Spätlese und zwei Gläsern zurück.

Ich überlegte mit schlechtem Gewissen. Geburtstag? Hochzeitstag? Tag unserer heimlichen Verlobung? Nein, nichts von alledem!

„Nun sag schon, was das bedeuten soll! Mitten in der Woche kommst du mit Wein, setzt Kerzen auf den Tisch – was soll das Theater?"

„Theater? Nun gut, warum nicht! Nur schade, daß der Hauptdarsteller, der Förster Görtz, nicht mehr zugegen ist."

„Sag mal, bist du närrisch? Förster Görtz? Wer ist das? Ich habe den Namen noch nie gehört."

„Er war heute nachmittag mein Gast. Ein wunderbarer Mensch; ich bin noch ganz begeistert von ihm. Wäre er doch – ach, Mann, wie sind wir dumm, daß wir nicht den Alltag hinter uns lassen können! Du bist jetzt fünfzig Jahre alt, da . . ."

„Also nun mal der Reihe nach! Du redest alles durcheinander, kein logischer Mensch kann dir folgen. Du hast also Besuch von einem mir völlig unbekannten Mann gehabt, den du ‚wunderbar' findest, der es aber nicht für erforderlich hält, sich mir vorzustellen, bevor er deine ungeteilte Bewunderung erregt. Erwartest du vielleicht, daß ich mit dir auf das Wohl dieses mir unbekannten Casanovas anstoße?"

„Aber Liebling, du bist ja eifersüchtig! Es ist doch deinem Hund niemand zu nahe getreten. Und ich – die Zeiten sind doch längst vorbei, daß du meinetwegen in Wallung geraten könntest. Hundchen, dein Herrchen ist süß. schau ihn dir an! Er ist . . ."

„Hör doch mit dem Unfug auf!"

„Willst du mir nun endlich zuhören?"

„Mmmh, also red' schon!"

„Förster Görtz ist ein alter Herr. Als ich heute nachmittag im Garten arbeitete, sprach er mich an. Achtzig Jahre ist er alt. Sein weißes Haar, sein herbes Gesicht, seine warmen Augen, seine immer noch aufrechte Haltung – das alles wirkte ungemein eindrucksvoll auf mich. Es ging so viel Herzlichkeit und Güte von ihm aus, daß ich mich dem einfach nicht entziehen konnte.

Er fragte mich, ob er sich unseren Garten ansehen dürfe und wann der neue Stall gebaut sei. Er sagte, ich möge mich nicht bei meiner Arbeit stören lassen, und wenn es mir recht sei, dann würde er sich ein Weilchen unter der Birke auf die Bank setzen. Er saß dort wohl eine Stunde im Sonnenschein. Ich scheute mich, zu ihm zu gehen; ich fühlte, daß er hier nicht zum ersten Mal war, daß ihn irgend etwas mit unserem Garten und mit unserem Forsthaus verbindet. Lange Zeit stand er dann im Wildgarten unter den alten Kiefern vor dem verwitterten Stein, den du schon seit Jahren beseitigen willst."

„Du weißt, wie wenig Zeit ich immer habe."

„Nein, der Findling bleibt auf seinem Platz! Du darfst ihn nicht fortnehmen! Aber nun hör zu:

Der alte Herr ging dann langsam zum Ahorn hinüber, legte seine Hand an den grauen Stamm, als wolle er ihn streicheln, und brach eines der hübschen gefiederten Blätter ab. Er legte das Blatt behutsam in seine Brieftasche. Dann kam er zu mir und sagte, er müsse nun gehen und sei mir sehr dankbar für meine Freundlichkeit. Ich blickte ihn an und sah in seinen Augen Tränen. Weißt du, da nahm ich ihn einfach an den Arm und ging mit ihm in die Veranda. Ich holte uns eine Flasche Wein, von dem er ein kleines Gläschen trank. Wir plauderten miteinander und er sagte:

‚Dort unter den Kiefern, unter dem Findling, liegen Bautz und Biene, meine Rauhhaarteckel. Sie starben beide in dem Jahr, in dem ich in den Ruhestand versetzt wurde. Ein Vierteljahrhundert ist seitdem vergangen. Die beiden – keinen Weg, keinen Wechsel gab es im Revier, den wir nicht gemeinsam gingen. – Ihre Tulpen! Wie seltsam, dort hatte auch meine Frau in all den Jahren Tulpen stehen. Sie liebte sie mehr als jede andere Blume. Wir haben gemeinsam den Ahorn gepflanzt. Als wir silberne Hochzeit feierten, schmückten wir die Tafel mit den roten Blättern des Ahorns. Es war Herbst, und es war der letzte Hochzeitstag, den wir gemeinsam erlebten. Im Winter dann starb sie. Bautz und Biene standen mit mir an ihrem Totenbett.

Solange sie lebte, war alles so selbstverständlich. Ich wußte Gott kaum einen Dank für seine alltägliche Güte. Wir warteten immer auf irgend etwas Besonderes. Von einem Monat warteten wir auf den anderen. Im Winter sehnten wir uns ungeduldig nach dem Frühling, dann nach dem Sommer, dann nach den Jagden im Schnee. Immer waren wir ungeduldig und vergaßen darüber den Tag, in dem wir lebten – einen Tag um den anderen, bis die Zeit um war, bis ich allein war und nun jeder Tag groß und leer vor mir stand. Ich allein vermochte ihn nicht mehr zu füllen. Ich weiß, die Tage waren ebenso groß, als sie noch lebte, nur – wir hatten einen Tag um den anderen verworfen, bis am Ende das Leben hinter uns lag.‘

Nach langem Schweigen fragte er mich: ‚Sie sind gewiß glücklich in Ihrer schönen Försterei. Bevor ich Sie ansprach, sangen Sie ein fröhliches Lied.‘

Ich wurde verlegen und wußte nicht, was ich ihm antworten sollte. Bin ich glücklich, dachte ich. Sind wir es beide? Vielleicht wissen wir gar nicht mehr, daß wir glücklich sind. Leben wir nicht auch stets den nächsten Tag, die nächste Woche, den nächsten Monat – und vergessen darüber die Stunde, in der wir sind?

Weißt du, der alte Herr ließ mich den Sinn eines einfachen Wortes erkennen: Dasein! Wir leben, gewiß. Aber sind wir da?

Wir sind es nie, wir sind immer unterwegs, immer der Stunde voraus und damit außerhalb ihrer Köstlichkeit. Wir betrügen uns selbst um unser Dasein, weil wir die Tage voller Ungeduld verschleudern.

Bevor der alte Herr ging, blickte er noch einmal über den Garten und sagte etwas Eigenartiges:

‚Sie haben dort Rosen gepflanzt, sie sind sehr schön. Eigentlich ist der Boden hier zu arm für sie. Sie pflegen sie gewiß mit sehr viel Liebe, und Ihr Mann hat Ihnen dabei geholfen. Ich hätte Ihren Mann gerne kennengelernt. Nach mir ist er der dritte Beamte in diesem Revier. Grüßen Sie ihn von mir und sagen Sie ihm, daß die Rosen hier nur blühen, wenn er das Seine dazu tut!‘

Als er sich verabschiedete, bat er mich, ihn nicht zu begleiten; er wisse seinen Weg, und Bautz und Biene seien bei ihm. Seine Frau warte auf ihn; sie habe so oft warten müssen. Dann hielt er lächelnd das Gartentor auf: ‚Die Hunde!‘ sagte er. Und als er glaubte, daß Bautz und Biene draußen seien, winkte er mir freundlich zu und ging, ohne sich noch einmal umzuschauen, davon.“

Meine Frau blickte versonnen ins Kerzenlicht. Wir schwiegen beide. Die Stunde – wir waren in ihr, sie umschloß uns, und es war neben ihr keine andere, keine fernere Stunde mehr. Und als wir bedächtig den Wein tranken, gedachten wir dankbar eines Menschen, dessen Gastgeschenk Güte und Weisheit gewesen war.